Conteúdo digital exclusivo!

Cadastre-se e transforme seus estudos em uma experiência única de aprendizado!

Acesse agora

Portal:
www.editoradobrasil.com.br/crescer

Código de aluno:
3328678A3071478

Lembre-se de que esse código é pessoal e intransferível. Guarde-o com cuidado, pois é a única forma de você utilizar os conteúdos do portal.

Andressa Turcatel Alves Boligian • Camila Turcatel Alves e Santos • Levon Boligian

CRESCER
Geografia

3º ano

Dados Internacionais de Catalogação na Publicação (CIP)
(Câmara Brasileira do Livro, SP, Brasil)

Boligian, Andressa Turcatel Alves
  Crescer geografia, 3º Ano /Andressa Turcatel Alves Boligian, Camila Turcatel Alves e Santos, Levon Boligian. – 1. ed. – São Paulo: Editora do Brasil, 2018. – (Coleção crescer)

  ISBN 978-85-10-06821-5 (aluno)
  ISBN 978-85-10-06822-2 (professor)

  1. Geografia (Ensino fundamental) I. Santos, Camila Turcatel Alves e. II. Boligian, Levon. III. Título. IV. Série.

18-15602   CDD-372.891

Índices para catálogo sistemático:
1. Geografia: Ensino fundamental 372.891
Maria Alice Ferreira - Bibliotecária - CRB-8/7964

1ª edição / 1ª impressão, 2018
Impresso no Parque Gráfico da Editora FTD

Rua Conselheiro Nébias, 887
São Paulo/SP – CEP 01203-001
Fone: +55 11 3226-0211

www.editoradobrasil.com.br

© Editora do Brasil S.A., 2018
Todos os direitos reservados

Direção-geral: Vicente Tortamano Avanso

Direção editorial: Felipe Ramos Poletti
Gerência editorial: Erika Caldin
Coordenação de arte: Cida Alves
Supervisão de revisão: Dora Helena Feres
Supervisão de iconografia: Léo Burgos
Supervisão de digital: Ethel Shuña Queiroz
Supervisão de controle de processos editoriais: Marta Dias Portero
Supervisão de direitos autorais: Marilisa Bertolone Mendes

Supervisão editorial: Júlio Fonseca
Consultoria técnica: Hilda Cardoso Sandoval e Waldirene Ribeiro do Carmo
Edição: Alício Leva e Gabriela Hengles
Assistência editorial: Lara Carolina Chacon Costa e Manoel Leal de Oliveira
Coordenação de revisão: Otacilio Palareti
Copidesque: Gisélia Costa, Ricardo Liberal e Sylmara Beletti
Revisão: Alexandra Resende, Andréia Andrade e Maria Alice Gonçalves
Pesquisa iconográfica: Léo Burgos e Vanessa Volk
Assistência de arte: Letícia Santos
Design gráfico: Andrea Melo
Capa: Megalo Design e Patrícia Lino
Imagem de capa: Carlos Meira
Ilustrações: Cláudio Chiyo, Danillo Souza, DAE (Departamento de Arte e Editoração), Edson Farias, Evandro Luiz, Ilustra Cartoon, Isabela Santos, José Wilson Magalhães, Kanton, Leonardo Conceição, Luis Moura, Paula Haidee Radi, Raitan Ohi, Reinaldo Rosa e Ricardo Dantas
Produção cartográfica: DAE (Departamento de Arte e Editoração) e Sonia Vaz
Coordenação de editoração eletrônica: Abdonildo José de Lima Santos
Editoração eletrônica: Estação das Teclas
Licenciamentos de textos: Cinthya Utiyama, Paula Harue Tozaki e Renata Garbellini
Produção fonográfica: Jennifer Xavier e Cinthya Utiyama
Controle de processos editoriais: Bruna Alves, Carlos Nunes, Jefferson Galdino, Rafael Machado e Stephanie Paparella

Querido aluno,

Gostaríamos de lhe dar as boas-vindas.

Agradecemos a você por estar conosco em mais uma incrível aventura do conhecimento.

Que tal conhecer melhor os lugares e as coisas com as quais convivemos diariamente?

Ao estudar com o auxílio deste livro, esperamos que sua curiosidade seja despertada e que você possa ver o mundo que já existe à sua volta com outros olhos. Gostaríamos também que seus sentidos fossem estimulados a conhecer e reconhecer um mundo novo, que precisa de seu cuidado.

Neste livro do 3º ano, você estudará assuntos relacionados aos bairros, a seus moradores e aos caminhos por onde as pessoas circulam. Além disso, você verá características geográficas importantes das paisagens e dos lugares dos municípios.

Os autores

Sumário

Unidade 1
Bairros e quarteirões 7
Meu bairro e a vizinhança 8
- Isto é Cartografia – Criando símbolos 12
- Investigando a redondeza – Conheça o quarteirão da escola ... 14
O caminho de casa até a escola ... 15
- Retomada 20
- Periscópio 22

Unidade 2
Moradores, pessoas especiais 23
Cada morador tem seu jeitinho 24
- Isto é Cartografia – Observação da paisagem em diferentes posições ... 28
- Retomada 32
- Periscópio 34

Unidade 3
As paisagens 35
Observando os elementos das paisagens 36
- Giramundo – A importância da água 40
- Isto é Cartografia – Representando uma paisagem 44
- Construir um mundo melhor – Jogo Adivinha quem é? 46
- Retomada 48
- Periscópio 50

Unidade 4
As vias públicas 51
Os caminhos entre os lugares 52
- Isto é Cartografia – A maquete das imediações da escola 60

Todo lugar tem um endereço 65
- Giramundo – Enviar uma correspondência 70

Retomada 72
Periscópio 74

Unidade 5
Os trabalhadores e o ritmo dos lugares 75
As pessoas e o trabalho 76
- Investigando a redondeza – Os profissionais do meu bairro ... 79

O ritmo dos lugares 85
A rotina dos trabalhadores 89
- Leio e compreendo – Tabelas 92

Retomada 94
Periscópio 96

Unidade 6
As paisagens das cidades 97
As cidades são diferentes 98
- Leio e compreendo – Tabelas e gráficos 106
- Isto é Cartografia – A planta dos bairros 107

Retomada 110
Periscópio 112

Unidade 7
O espaço urbano............ 113

Como as cidades estão organizadas?.............................. 114

- Leio e compreendo – Notícias........ 116
- Giramundo – Onde sua cidade começou?..120
- Isto é Cartografia – Orientação pelo Sol 122

Os espaços públicos e privados....................................... 126

- Investigando a redondeza – Manifestações em lugares públicos.. 132
- Construir um mundo melhor – Um lugar para todos 134

Retomada.................................. 136
Periscópio 138

Unidade 8
A cidade em transformação 139

Mudanças nas paisagens 140
A natureza e as cidades 146

- Investigando a redondeza – Que material foi usado?................ 150
- Isto é Cartografia – Reduzindo e ampliando 151

Retomada.................................. 154
Periscópio 156

Referências 157
Material complementar........... 159

Bairros e quarteirões

A imagem a seguir mostra uma cena que se passa no centro da cidade de Salvador, capital do estado da Bahia.

1. Circule o nome de três bairros da cidade de Salvador que aparecem na cena.

7

Meu bairro e a vizinhança

Você sabe o nome de seu bairro? E o nome do bairro onde está localizada sua escola? Nesta unidade, vamos aprender várias coisas sobre o bairro e os quarteirões que os formam e a localização da escola.

Bairro é um conjunto de quarteirões, ruas, avenidas e praças de uma cidade. Os bairros podem ter tamanhos e formatos diferentes. Geralmente, uma cidade é composta de vários bairros.

Bairro urbano no município de Anápolis, no estado de Goiás, em 2015.

No campo, ou seja, nas áreas rurais, também há bairros. Os **bairros rurais** são agrupamentos de casas com um pequeno comércio que atende às pessoas que vivem em chácaras, sítios e fazendas da redondeza.

Bairro rural no município de Nova Fátima, no estado do Paraná, em 2017.

Os quarteirões do bairro

O que acha de tentar decifrar a palavra abaixo? Para isso, identifique a letra correspondente a cada símbolo.

Encontrou a resposta? Sim, estamos falando de um quarteirão. **Quarteirão** ou **quadra** é o conjunto de terrenos ocupados ou não por construções. Em geral, os quarteirões são limitados por vias públicas, como ruas, avenidas ou estradas, nas cidades ou em bairros rurais.

Terrenos são áreas onde as pessoas constroem casas ou outros tipos de edificações, como lojas, escritórios, galpões, prédios de apartamentos ou indústrias. Um terreno ou lote, como também é chamado, pode ser cercado com muro ou cerca.

Formas e limites dos quarteirões

Você já notou que os quarteirões geralmente têm formas e tamanhos diferentes? Eles podem ser delimitados por ruas, avenidas, praças ou estradas.

1. Observe os quarteirões das ilustrações. Em seguida, circule ao lado a forma geométrica correspondente ao formato do quarteirão.

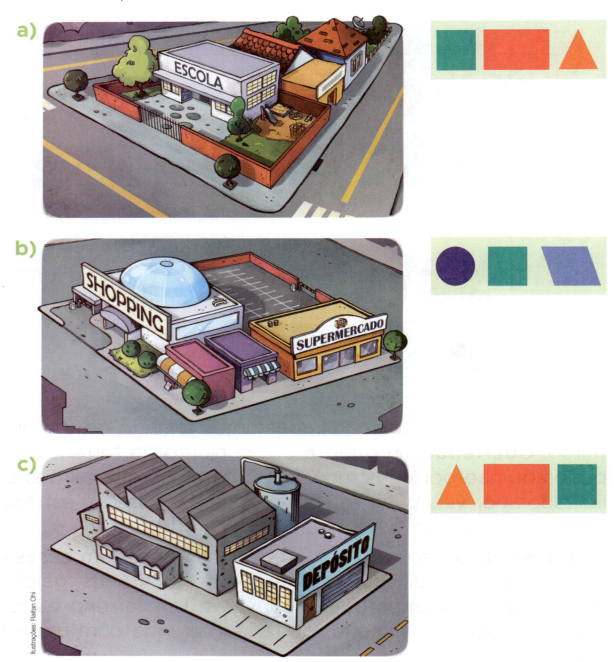

Para saber mais

Quarteirões sem forma definida

Vimos que os quarteirões podem ter formas geométricas. Mas há quarteirões em muitas cidades, e até mesmo bairros rurais, que não têm formas definidas. Esses quarteirões geralmente ficam em bairros localizados em áreas de morros, como no espaço urbano do município de Carapicuíba, no estado de São Paulo. Observe a distribuição das casas e dos quarteirões na fotografia.

A fotografia mostra um bairro do município de Carapicuíba, no estado de São Paulo, em 2014. Esse bairro cresceu em uma área de morro, por isso as pessoas chegam até a residência por ruas estreitas e inclinadas.

1. Qual é a forma do quarteirão onde fica sua escola? Será que ele tem uma forma definida? Converse com os colegas a respeito e anote no caderno a opinião da maioria.

Criando símbolos

Na página 9, você usou alguns símbolos para decifrar o significado de uma palavra. Agora é sua vez de criar alguns símbolos! Veja o exemplo a seguir.

Miguel é estudante do 3º ano e vive em um bairro rural.

Observe a visão de Miguel quando ele olha de frente para o quarteirão onde mora.

Agora veja como Miguel representou, com símbolos, a localização de sua casa e a sequência de construções que ele vê no caminho entre o local onde mora e o **armazém** da esquina.

Armazém: pequeno mercado, também conhecido como mercearia ou quitanda.

12

1. Observe atentamente a representação de Miguel e complete o quadro de símbolos.

Ilustrações: Raitan Ohi

○ Poste

✦ Casa de Miguel

🔺 _____

⬜ Posto de Saúde

🌀 _____

Agora é sua vez. Desenhe os símbolos na sequência, mas no sentido inverso, para representar o caminho de volta: do armazém até a casa de Miguel.

Armazém   Casa de Miguel

Investigando a redondeza

Conheça o quarteirão da escola

Nas páginas anteriores, você aprendeu que os quarteirões podem ter formas geométricas variadas ou não ter formato definido. Agora, com os colegas e o professor, organize-se para conhecer o quarteirão da escola em que você estuda.

Durante o passeio, é necessário levar papel e lápis para anotar a localização ou desenhar os elementos que achar importantes, como casas, prédios, lojas e outros tipos de comércio, monumentos, terrenos vazios, placas de sinalização, nome das ruas, entre outros. Observe os detalhes e o formato do quarteirão onde está localizada sua escola. Anote também o nome das ruas e praças por onde passarem.

Alunos e professores em atividade fora da escola na cidade de São Paulo, 2012.

Após o passeio, com a ajuda do professor, faça um desenho do quarteirão identificando os elementos que observou no trajeto. Não se esqueça de escrever o nome das ruas, avenidas ou estradas que ficam no entorno do quarteirão. Guarde o desenho e as anotações, pois serão importantes para uma atividade que faremos na Unidade 4.

O caminho de casa até a escola

Você mora e estuda no mesmo bairro? Que caminho faz de casa até a escola? Como você chega lá?

Nas imagens a seguir, você conhecerá a localização da casa e da escola de Emerson. Leia o relato com bastante atenção.

1. Qual é a idade de Emerson? Ele mora em um bairro na área urbana ou na área rural?

2. Ele mora em uma casa térrea ou em um prédio de apartamentos?

3. O que Emerson vê da janela de sua casa?

4. Quantos quarteirões ele percorre para ir de sua casa até a escola?

5. A escola de Emerson fica no mesmo bairro onde ele mora ou em outro bairro?

6. Emerson acha que a casa dele é perto ou longe da escola?

Em seu relato, Emerson disse que a escola fica em um bairro vizinho de onde mora. Ele percorre alguns quarteirões para chegar até lá.

Em uma sala de aula, geralmente há alunos que moram no mesmo bairro, porém em quarteirões diferentes. Pode haver também crianças que moram em bairros vizinhos, em outros locais mais distantes ou na área rural. Por isso, é comum os alunos percorrerem caminhos diferentes para chegar à escola.

Veja, a seguir, exemplos de diferentes caminhos para chegar a uma escola.

Que tipo de meio de transporte essa menina utiliza para chegar à escola? Quem a acompanha no caminho?

   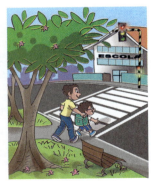

Que tipo de meio de transporte esse menino utiliza para chegar até a escola? Com quem ele percorre o caminho?

17

1. Pense no caminho que você percorre de casa até a escola. Faça no caderno uma lista dos elementos que vê no trajeto, como placas, igrejas, praças, lojas e outros tipos de comércio.

2. Crie símbolos no caderno para representar cada um dos elementos que você listou.

3. No quadro abaixo, desenhe o caminho que você pensou, localizando os elementos que observa durante o trajeto com os símbolos que criou.

4. Depois de concluído o desenho, compare-o com os dos colegas. Alguns de seus colegas passam pelo mesmo caminho que você para chegar à escola? Como você descobriu isso?

Para saber mais

Alunos que vivem em comunidades ribeirinhas

Nas áreas rurais mais distantes das cidades de nosso país, há crianças que precisam deslocar-se por várias horas para ir à escola. Esse é o caso de alunos que vivem nas **comunidades ribeirinhas**, no interior da Floresta Amazônica. Nessas comunidades, as famílias vivem bem próximas aos rios e geralmente dedicam-se à pesca, ao cultivo de alimentos em pequenas plantações e à coleta de recursos da natureza, como frutos e raízes.

Os estudantes precisam navegar em barcos, por longas distâncias, até chegarem à escola mais próxima. Na Amazônia, os rios são os principais caminhos utilizados pela população para deslocar-se de um lugar para outro.

Na região amazônica, muitos alunos percorrem rios, de barco, por várias horas até chegarem à escola na qual estudam, como essas crianças no município de Porto Velho, no estado de Rondônia, em 2015.

Retomada

1. Leia as afirmações a seguir e decida se estão certas ou erradas.

   a) Os quarteirões são formados por um conjunto de terrenos, ocupados ou não por construções.

   ☐ certa ☐ errada

   b) As ruas, avenidas ou estradas podem formar os limites dos quarteirões.

   ☐ certa ☐ errada

   c) Os quarteirões, assim como os terrenos, são todos iguais e não têm formas, tamanhos nem limites diferentes.

   ☐ certa ☐ errada

   d) Não podemos usar símbolos para representar palavras, objetos ou outros elementos dos lugares.

   ☐ certa ☐ errada

   • De acordo com o que estudou nesta unidade, reescreva, nas linhas a seguir, da forma correta, as afirmações erradas. Não se esqueça de identificá-las com as letras.

   _____
   _____
   _____
   _____

2. Observe a ilustração e responda às questões.

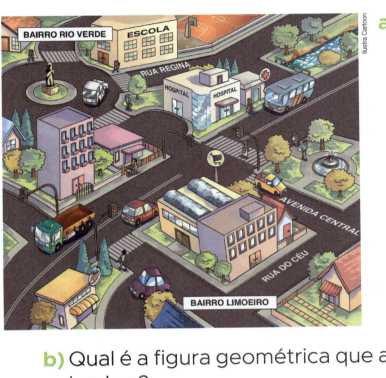

a) Quantos lados tem o quarteirão que está no centro da imagem, entre a rua do Céu e a Avenida Central?

_____
_____
_____
_____

b) Qual é a figura geométrica que a forma desse quarteirão lembra?

_____
_____

c) O que há nos quarteirões vizinhos ao quarteirão do centro da imagem? Escreva o que existe no quarteirão que está:
- na frente dele, do outro lado da Avenida Central;

_____
_____

- do lado direito dele, do outro lado da Rua do Céu;

_____

- do lado esquerdo dele.

_____

Periscópio

📖 Para ler

Em volta do quarteirão, de Anna Flora. São Paulo: Salamandra, 1986.
Que tal uma voltinha pelo quarteirão? Conheça melhor os lugares e as pessoas que vivem e trabalham neles.

Meu bairro é assim, de César Obeid. São Paulo: Moderna, 2016.
Conheça as diferenças entre os bairros e algumas curiosidades, como nomes engraçados e muito mais.

O bairro do Marcelo, de Ruth Rocha. São Paulo: Salamandra, 2012.
O personagem Marcelo apresenta o bairro onde mora. Em cada página ele mostra um lugar diferente. Você perceberá que os bairros de todos os lugares são bem parecidos!

👆 Para acessar

Google Earth: Com esse programa, você pode conhecer os quarteirões, as ruas e o mundo a sua volta, sem sair do lugar! Disponível em: <www.google.com/earth/>. Acesso em: maio 2017.

UNIDADE 2
Moradores, pessoas especiais

Amigos do peito

Todo dia eu volto da escola
Com a Ana Lúcia da esquina
Da esquina não é sobrenome
É o endereço da menina

O irmão dela é mais velho
E mesmo assim é meu amigo
Sempre, depois do almoço
Ele joga bola comigo. [...]

O bairro onde moro é assim,
Tem gente de tudo que é jeito.
Pessoas que são muito chatas,
E um monte de amigos do peito:

O Bruno do prédio da frente,
O Ricardo do sétimo andar,
O irmão da Lúcia da esquina,
O filho do dono do bar.

O nome completo deles
Eu nunca sei, ou esqueço.
Amigo não tem sobrenome:
Amigo tem endereço.

Cláudio Thebas. *Amigos do peito*.
Belo Horizonte: Formato, 1996. p. 12-13.

1. Você conhece bem seus vizinhos e outros moradores de seu bairro ou da comunidade onde vive? Como é cada um?

23

◈ Cada morador tem seu jeitinho

Você já percebeu que cada pessoa tem uma particularidade? Cada vizinho ou outro morador tem um jeitinho diferente de ser. Por que você acha que isso acontece?

O texto a seguir fala um pouco do jeitinho de Seu Manoel e de sua origem.

Na esquina da minha rua está o armazém do Seu Manoel. Ele é muito meu amigo. Seu Manoel é um português. Gosto de ouvir ele falar. Ele gosta muito de bichinhos e por isso guarda sempre verduras para meu coelhinho.

Célia Jurema Aito Victorino. *Minha rua*. Rio de Janeiro: Vozes, 1995. p. 17.

Agora é com você!

1. Seu Manoel tem origem portuguesa. Você sabe onde fica Portugal?

2. Por que o personagem que narra a história gosta tanto de Seu Manoel?

Em um mesmo bairro, cada morador tem sua particularidade, assim como Seu Manoel. Podemos afirmar que as ruas e os bairros tornam-se especiais por causa das pessoas que ali vivem. Cada ser humano tem uma personalidade própria, costumes, jeito de falar e de se vestir únicos.

Enfim, ninguém é igual a ninguém, você não concorda?

1. Os desenhos a seguir representam pessoas que vivem em um mesmo bairro. Cada uma delas faz atividades diferentes em seu dia a dia. Seus gostos também são diferentes. Observe todos os personagens e descreva cada um deles para os colegas.

2. Na sala de aula, forme um círculo com os colegas e o professor. Conversem sobre a convivência de cada um com as pessoas do bairro ou da comunidade onde residem.

Conte algo interessante a respeito de algum morador do bairro. Fale uma característica dessa pessoa ou do trabalho que ela realiza. Seu Manoel, por exemplo, é comerciante e tem um armazém.

Pessoas de diferentes origens e lugares

Nem sempre as famílias moram no mesmo lugar por toda a vida. Muitas vezes, as pessoas necessitam mudar para outros lugares por causa do trabalho, para estudar, para ficar perto de outros familiares, entre outros motivos.

Leia os relatos de algumas pessoas que responderam às perguntas feitas por Karla em uma conversa na internet. Elas falam de suas origens e por que se mudaram de um lugar para outro.

Karla: EU NASCI NO AMAZONAS (AM), MAS MORO EM PERNAMBUCO (PE) DESDE QUE TINHA 1 ANO DE IDADE, PORQUE MEUS PAIS VIERAM TRABALHAR. JÁ MOREI EM QUATRO CASAS DIFERENTES E TENHO 22 ANOS. E VOCÊ? EM QUANTAS CASAS DIFERENTES JÁ MOROU? JÁ MUDOU PARA OUTRO BAIRRO, OUTRO MUNICÍPIO OU OUTRO ESTADO?
POSTADO AGORA.

Bruna: JÁ MOREI EM DUAS RESIDÊNCIAS DIFERENTES E TENHO 18 ANOS. NA PRIMEIRA VEZ ME MUDEI DO PARANÁ (PR) PARA O RIO DE JANEIRO (RJ), PARA ESTUDAR. ACHO MUITO LEGAL MUDAR DE CASA! NOVOS ARES, NOVAS PESSOAS, TUDO É DIFERENTE!
POSTADO UMA HORA ATRÁS.

Taísa: TENHO 20 ANOS E MUDEI DA MINHA COMUNIDADE QUILOMBOLA, NO INTERIOR DE SÃO PAULO (SP), PARA O MATO GROSSO (MT), PARA ESTUDAR MEDICINA. EU PRETENDO VOLTAR PARA LÁ QUANDO TERMINAR O CURSO PARA AJUDAR A MINHA COMUNIDADE.
POSTADO ONTEM.

Luís: JÁ MOREI EM NOVE CASAS DIFERENTES, EM CINCO CIDADES. JÁ MOREI COM COLEGAS DE FACULDADE E SOZINHO. DA ÚLTIMA VEZ, MUDEI DE MINAS GERAIS (MG) COM MINHA ESPOSA, QUE FOI TRABALHAR EM TOCANTINS (TO). ESPERO NÃO MUDAR TÃO CEDO!
POSTADO NA SEMANA PASSADA.

Ilustrações: Reinaldo Rosa

1. Agora identifique e circule no mapa abaixo o nome de cada estado brasileiro mencionado no diálogo anterior. Seu professor o ajudará.

Brasil: político – 2016

Fonte: *Atlas geográfico escolar*. 7. ed. Rio de Janeiro: IBGE, 2016.

- Faça uma seta do estado de origem até o estado de destino de cada personagem. Escolha cores diferentes para traçar a seta do trajeto de cada um deles.

2. Vimos que as pessoas se mudam por diferentes motivos. Vamos pesquisar? Para isso, siga o roteiro e escreva as respostas no caderno.

   a) Converse com uma pessoa que já mudou de cidade ou de bairro e pergunte: Que motivos o levaram a mudar o lugar de sua moradia?

   b) Em sala de aula, o professor ajudará você e os colegas a comparar as informações. Verifique se há alguma semelhança entre suas informações e as dos colegas.

27

Observação da paisagem em diferentes posições

Observe atentamente os desenhos, identifique-os e marque a letra correta de acordo com a imagem correspondente a cada um visto em outra posição.

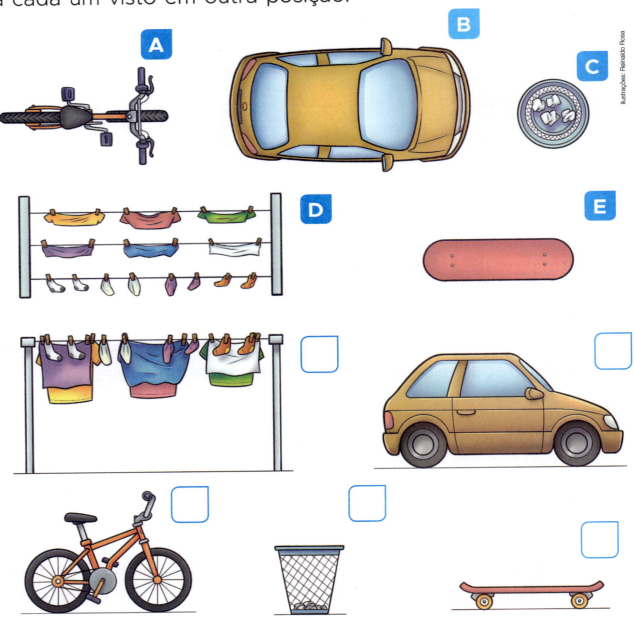

Agora que você já identificou objetos em diferentes posições, ou seja, observados de diferentes pontos de vista, veja outro exemplo de observação.

Taísa é estudante de Medicina e também é **balonista**. Veja o que ela observou durante o sobrevoo que fez em sua **comunidade quilombola**, pequena vila rural onde vivem brasileiros que descendem de povos africanos.

> **Balonista:** pessoa que pratica o balonismo, atividade de voar em balões de ar quente.

Em um gramado no centro do quilombo, com a ajuda de algumas pessoas da comunidade, Taísa inflou o balão dela com ar quente. Depois de pronto, ainda no chão, ela observou com atenção os elementos da paisagem em seu entorno. Taísa viu uma casa, o campinho de futebol, árvores e uma pequena plantação, todos de frente.

29

Quando o balão começou a subir, a balonista passou a ver também as casas vizinhas e outras construções que não podia observar anteriormente, quando estava no chão. Ela começou a ver os elementos sob um ponto de vista diferente, **de frente** e **do alto**.

Quanto mais alto o balão subia, mais elementos da paisagem a balonista passava a observar. Nessa posição, ela pôde ver toda a sua comunidade e também as plantações e os pastos vizinhos. Ela observou tudo sob outro ponto de vista: **do alto** e **de cima para baixo**.

1. Observe os desenhos a seguir e identifique a qual das imagens anteriores cada um pertence. Em seguida, escreva a letra correspondente nos desenhos.

A A balonista viu a cena do chão, olhando de frente.

B A balonista viu a cena de frente e do alto.

C A balonista viu a cena do alto, de cima para baixo.

Retomada

1. Marque sim ou não nas perguntas a seguir.

a) Os moradores de um bairro são sempre da mesma origem, ou seja, chegam sempre dos mesmos lugares?

☐ Sim.   ☐ Não.

b) Você e sua família podem ter costumes e modos de vida diferentes dos de outras pessoas ou famílias?

☐ Sim.   ☐ Não.

c) As pessoas que nascem em uma cidade podem mudar para outra?

☐ Sim.   ☐ Não.

d) Os habitantes de um bairro, de uma cidade e até mesmo de um país podem mudar de um lugar para outro por causa de trabalho, estudo ou por outros motivos?

☐ Sim.   ☐ Não.

2. Você, os colegas e o professor criarão uma história coletiva. Isso mesmo: a atividade é uma história criada por todos. Sigam as indicações.

1. Formem um grande círculo colocando-se um ao lado do outro até fechá-lo.

2. O tema da história é: "Os moradores de um bairro". Vocês podem falar quem eles são, seus costumes, onde moram, o que fazem e o que mais sua criatividade inventar. Criem um título para a história.

3. O professor inicia a história com a frase a seguir:

"Em um pequeno bairro, em uma cidade muito agradável, vivia...".

32

4. Cada um, na sua vez, deve continuar a frase do colega anterior contando uma parte da história. Lembre-se de que o colega a seu lado deve continuar depois de você. O último aluno do círculo finalizará a história.

5. Não se esqueça: faça silêncio enquanto o outro fala a parte dele.

6. Para terminar, teste sua memória escrevendo a história no caderno. Não se esqueça do título!

3. Agora associe cada casa ao desenho correspondente a ela vista de cima para baixo.

Periscópio

📖 Para ler

Meu bairro: Pessoas e lugares, de Lisa Bullard. São Paulo: Hedra Educação, 2012.
Lili vai conhecer seu novo vizinho. Ela quer muito mostrar o bairro a ele. No passeio, os dois encontram muitas coisas novas.

Céu na calçada: um olhar pela cidade, de Michele Iacocca. São Paulo: Editora Ática, 2012.
Esse livro traz cenas do dia a dia urbano em imagens e versos. São 12 poemas, que falam do trânsito às brincadeiras das crianças, da velhinha que dá migalhas aos pombos à multidão de gente pelas calçadas...

O menino que tinha quase tudo, de Rogério Borges. São Paulo: Editora do Brasil, 2010.
Ele tinha um quarto cheio de brinquedos, uma casa grande e repleta de gente para servi-lo. Mas faltava algo... O dia ensolarado o convidava para um passeio, e a descoberta de novas amizades dará outro sentido à vida do menino.

▶ Para assistir

Cine Gibi 8 ...Tá brincando? Direção de Mauricio de Sousa, 2015.
A turma da Mônica vai participar de um concurso que acontecerá no famoso Bairro do Limoeiro. No caminho, eles encontram vários amigos e diferentes paisagens.

UNIDADE 3
As paisagens

1. Leia no desenho abaixo algumas adivinhas sobre elementos que podemos encontrar em um bairro na cidade. Com os colegas e o professor, tente descobrir as respostas!

O que uma rua disse para a outra?

Tenho os pés no chão, mas não posso me mexer. Tenho folhas, mas não sou um livro, sem ar não vivo. Quem sou?

O que é que não tem olhos, mas pisca, não tem boca, mas comanda?

35

Observando os elementos das paisagens

Quais elementos compõem uma paisagem? São elementos que fazem parte da natureza ou são construídos pelos seres humanos? De que maneira as pessoas transformam os lugares? Converse com os colegas e o professor sobre essas questões.

Veja as fotografias abaixo e leia as legendas.

Praia em Florianópolis, Santa Catarina, 2016.

Rua em Porto Alegre, Rio Grande do Sul, 2016.

1. Com os colegas e o professor, analise as fotografias **A** e **B** e responda:

   a) Que tipos de lugar estão sendo mostrados?
   b) Quais elementos da natureza você pôde observar nas paisagens (como árvores, morros, rios etc.)?
   c) Dos elementos que você observou nas fotografias, quais foram construídos por pessoas (como casas, ruas, prédios, pontes)?
   d) Que paisagem podemos dizer que está mais transformada pelas ações do ser humano?

   • E agora pense no lugar onde você mora: em sua rua, na rua onde fica sua escola, nas paisagens que vê em seu bairro e em outros lugares que conhece ou passa diariamente. Alguma das imagens mostra algo semelhante ao lugar onde você vive? Quais são esses elementos?

2. Observe a seguir detalhes das fotografias vistas anteriormente e escreva a qual delas eles pertencem.

Quando olhamos com atenção o entorno dos lugares em que vivemos – por exemplo, de nossa casa, de nossa rua, dos arredores da escola ou dos bairros por onde passamos todos os dias –, podemos visualizar e sentir os elementos presentes nas paisagens desses lugares.

Entretanto, cada paisagem tem particularidades que a tornam única. Essas diferenças podem estar, por exemplo, no jeito de viver das pessoas, no tipo das construções ou nos elementos da natureza ali presentes.

37

Os elementos naturais e culturais das paisagens

Ao observarmos uma paisagem, percebemos que ela é composta de diferentes elementos. Veja os exemplos de **elementos naturais** presentes em uma paisagem:

O **ar** está presente em todas as paisagens. Não podemos vê-lo, mas sim percebê-lo, por exemplo, quando respiramos, quando sentimos o vento ou observamos as nuvens.

As **árvores**, as outras plantas e os animais são seres vivos que também podem ser observados em muitas paisagens.

A **água** é o elemento da natureza que pode ser encontrado na forma de rios, chuvas, nuvens, entre outros.

O **solo** e as **rochas** são elementos da natureza. No solo crescem as plantas e são cultivados os alimentos.

Agora, veja exemplos de **elementos culturais** mostrados nesta outra imagem.

As **construções**, como prédios de apartamentos e casas, são elementos construídos pelo ser humano.

Os **meios de transporte**, como carros, ônibus, caminhões e trens, são elementos culturais.

Os **canais** construídos para os rios, especialmente nas cidades, são elementos culturais.

As ruas, avenidas, pontes e outras **vias públicas** também são elementos que compõem as paisagens culturais.

Em geral, as paisagens podem ser compostas tanto de **elementos naturais** quanto de **elementos culturais**.

1. Alguma das fotografias vistas anteriormente mostra elementos da natureza – como as formas do relevo, as árvores, os rios ou o mar – parecidos com os que existem no lugar onde você vive? Quais são esses elementos?

2. Alguma das fotografias mostra elementos construídos por pessoas – como casas, prédios, ruas, automóveis – parecidos com os que existem no lugar onde você vive? Quais são esses elementos?

Giramundo

A importância da água

Observe a tela do artista Alexandre Freire.

Alexandre Freire. *Praia de fora*. Acrílico sobre tela, 2007.

Na imagem que você observou, um dos elementos que se destacam é a água, não é mesmo?

Na natureza, a água está nos rios, lagos e oceanos, e até mesmo na forma de nuvens.

Os seres humanos sempre procuraram habitar lugares próximos das fontes de água doce. A água é essencial para nossa vida em sociedade, pois é utilizada para irrigar plantações, cultivar alimentos, gerar energia elétrica, ser consumida (como água potável) etc. Por isso, é muito importante que conservemos essas fontes para que não falte água em um futuro próximo.

1. Com os colegas e o professor, faça, na lousa, uma lista de hábitos que podemos adquirir em nosso dia a dia para evitar o desperdício de água.

Sentir os elementos da paisagem

As construções, o vaivém das pessoas nas ruas, as árvores e plantas, a chuva, o vento e até mesmo as nuvens no céu são exemplos de elementos culturais e naturais que podem fazer parte de uma paisagem. Entretanto, alguns desses elementos não podem ser vistos, apenas sentidos.

Leia o texto e responda às questões a seguir.

O menino e o vento

O menino tinha no vento um bom amigo. Peito nu e pés descalços, o menino caminhava com o vento na manhã cheia de brilho. Voavam pelos morros nos dias com cheiro de maré. Empurravam os saveiros lá fora na barra. Pegavam corrida pelas milhas do azul para ver quem chegava primeiro lá onde o céu faz a curva. Brincavam com os peixes que chegavam à superfície, alguns dando saltos incríveis.

O menino acenava para os navios que passavam vagarosos, apitando e soltando fumaça pelo bueiro grande. Os anéis e rolos de fumaça desapareciam logo na imensidão do céu. Ele apertava os olhinhos pretos e vivos, se avistasse um navio nas ondas bem longe.

Perguntava ao vento se aquele navio lá longe não parecia uma ave, balançando-se no ninho. Os navios iam se afastando cada vez mais nas águas banhadas de luz, até se tornar cada um deles num ponto indefinido, lá onde o sol nasce.

Cyro de Mattos. *Histórias de um mundo que se foi (e outras histórias)*. São Paulo: Saraiva, 2009. p. 64.

1. Procure nas palavras ou frases elementos da paisagem que podemos perceber por meio da audição, do tato ou do olfato.

2. Com a ajuda do professor, responda com os colegas às questões a seguir.

a) O personagem da história adorava o vento. Por qual sentido do corpo humano ele sentia o vento?

_____

b) O vento também fazia parte das paisagens observadas pelo menino como um elemento da natureza? Justifique sua resposta.

_____

_____

_____

_____

c) Que elementos, naturais e culturais, fazem parte das paisagens que o menino observava?

_____

_____

_____

_____

Uma **paisagem** é tudo aquilo que podemos observar em um lugar, até onde nossa visão alcança. É também tudo aquilo que podemos perceber por meio de nossos outros sentidos: o olfato, o tato e a audição. O vento, o cheiro da maré e o som do apito das embarcações também podem compor as paisagens.

Para saber mais

Dorinha também brinca com a turma

Em 2004, o ilustrador Mauricio de Sousa, criador da Turma da Mônica, lançou a personagem Dorinha. Muito simpática, essa nova integrante da turma é uma menina cega, amiga de todos no Bairro do Limoeiro, onde vive com os demais personagens.

Veja ao lado uma das capas em que Dorinha participa das historinhas.

Mesmo sendo uma pessoa com deficiência visual, Dorinha participa das brincadeiras e aventuras da turma. Ela consegue perceber a presença dos coleguinhas com a ajuda de seu **cão-guia**, o Radar, e também por meio de seus outros sentidos: a audição, o olfato e o tato. Você pode conhecer historinhas da Dorinha acessando: <http://goo.gl/bL3qqo>.

Agora você e os colegas fecharão os olhos. Tentem perceber todos os elementos invisíveis que estão à sua volta. Quais são eles?

Instituto Cultural Maurício de Sousa

Cão-guia: cachorro treinado especialmente para guiar pessoas cegas ou com baixa visão.

43

Isto é Cartografia

Representando uma paisagem

Vimos que existem diferentes formas de representar as paisagens, por exemplo, por meio de fotografias, textos e pinturas. Vamos conhecer outro recurso que possibilita a representação de uma paisagem. O exemplo a seguir retrata o **aqueduto** dos Arcos da Lapa, na cidade do Rio de Janeiro.

Aqueduto: construção elevada que possibilita o transporte de água.

Observe os elementos que existem na fotografia da paisagem abaixo:

Essa é uma fotografia da paisagem dos Arcos da Lapa. Nela é possível observar construções, árvores e o céu.

Veja como é possível traçar um esboço da paisagem com base na imagem.

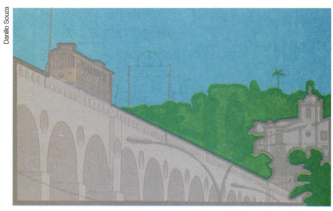

Nessa representação, os elementos foram separados e coloridos. Veja também a legenda que foi usada para identificar cada um deles.

44

Agora é sua vez de representar uma paisagem por meio de um **esboço**, um desenho esquemático que também podemos chamar de **croqui**. Escolha uma fotografia de paisagem de seu município. O professor irá auxiliá-lo na escolha da imagem e na organização do material que será utilizado.

Material:
- uma fotografia ou um cartão-postal;
- uma folha de papel transparente;
- clipes ou fita adesiva;
- lápis preto, lápis de cor e borracha.

Como fazer

1. Sobre sua carteira, fixe uma folha transparente em cima da imagem escolhida. Utilize clipes ou fita adesiva, mas deixe a parte de baixo solta para que você possa olhar a fotografia e tirar dúvidas sobre o desenho.

2. Observe os traços principais da paisagem que você escolheu e, com um lápis preto, trace as linhas contornando os elementos que compõem a imagem.

3. Escolha uma cor para cada conjunto de elementos que traçou. Crie a legenda ao lado ou abaixo da imagem e pinte seu desenho.

Construir um mundo melhor

🔷 Jogo Adivinha quem é?

Vamos tentar perceber o mundo a nossa volta sem usar a visão? Para isso, o professor apresentará uma atividade na qual vamos vendar os olhos e utilizar nossos outros sentidos: tato, olfato e audição.

Será muito importante que você e os colegas participem dessa atividade com bastante atenção! Para que ela fique mais legal, utilizem o pátio ou a quadra de esportes da escola.

1. O professor escolherá o primeiro aluno a ter os olhos vendados.

2. O aluno com os olhos vendados terá a ajuda de um guia, que pode ser o professor ou outro colega da turma.

3. Os outros alunos se posicionarão formando um caminho, um tipo de corredor. O aluno escolhido se movimentará através dele com a ajuda do guia.

4. Usando o tato, a audição e o olfato, ele deve posicionar-se diante de um colega e tentar descobrir quem é. Vale cheirar, tocar, pedir para tossir ou rir baixinho... mas não vale perguntar! O guia também não pode ajudar!

5. E aí? Como foi? Achou fácil adivinhar quem eram os amigos sem usar a visão? Você conseguiu perceber o mundo usando seus outros sentidos? Se sua resposta for não, então vale a pena repetir a experiência.

Em uma roda de conversa, conte para a turma as dificuldades que teve para adivinhar quem eram os colegas usando o tato, o olfato e a audição. Conversem, ainda, sobre a importância desses sentidos para uma pessoa cega, como a personagem Dorinha, que vimos na página 43.

O professor também contará muitas outras coisas sobre o dia a dia de uma pessoa com deficiência visual.

Após essa conversa, escreva como foi para você a brincadeira do **Adivinha quem é?** em uma folha ou no caderno. Depois faça um desenho. O professor organizará uma exposição com os desenhos da turma!

Retomada

1. Observe com atenção as fotografias a seguir:

_____
_____
_____
_____

_____
_____
_____
_____
_____

• Utilize as palavras do quadro e componha legendas para cada uma das fotografias. No quadro, você encontrará também alguns adjetivos. Não se esqueça: você deve usar todas as palavras do quadro.

Fernando de Noronha	Paisagem natural	Construções antigas	Paisagem cultural
Salvador	Rua	Mar	Pelourinho	Ilhas

48

2. Este é um quadro de Salvador Dalí, um pintor espanhol muito importante. Ele retratou sua irmã, Ana María, observando a paisagem da janela de sua casa, na cidade de Cadaqués, na Espanha. A obra, que se chama *Personagem a uma janela*, foi pintada em 1925. Observe a imagem com atenção e, em seguida, responda às questões.

Salvador Dalí. *Personagem a uma janela*. Óleo sobre painel, 1925. 105 cm × 74,5 cm.

a) Quais elementos a moça observa da janela?

_____

_____

b) Que cor predomina na paisagem que ela observa?

_____

c) Como é possível saber se ela estava sentindo o vento em seu rosto?

_____

_____

49

Periscópio

Para ler

Paisagens, de Roseana Kligerman Murray. Belo Horizonte: Lê, 2012.
Livro com diversas descrições de paisagens. Descubra as sensações de observar cada uma e perceba como elas são diferentes.

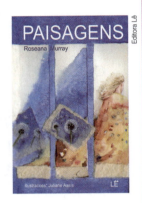

Haicais visuais, de Nelson Cruz. Curitiba: Positivo, 2015.
Conheça a sutileza dos elementos que compõem as paisagens observando as imagens das pequenas histórias contadas pelo autor.

Brisa na janela, de Elma. São Paulo: Cortez, 2014.
Como representar o vento, esse importante elemento da natureza que pode ser sentido nas paisagens? Descubra nesse livro!

O menino que lia nuvens, de Ricardo Viveiros. São Paulo: Gaivota, 2014.
Que tal observar a forma das nuvens nas paisagens... olhando para um céu de papel? Com um pouco de imaginação e esse livro nas mãos você consegue!

UNIDADE 4
As vias públicas

1. Você já decifrou um texto enigmático? Com a ajuda do professor, decifre as palavras a seguir. Leia as regras e veja como são simples.

    1. Some ou subtraia as letras ou as sílabas do nome daquilo que está desenhado.
    2. Anote as sílabas ou as letras que restaram na linha abaixo dos desenhos.
    3. Em seguida, escreva a palavra decifrada. Os enigmas revelarão nomes de vias públicas de cidades brasileiras. Vamos lá?

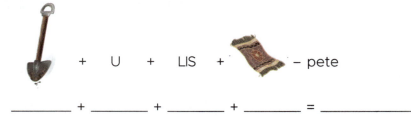

Avenida ____ + U + LIS + ____ – pete

_____ + _____ + _____ + _____ = _____

  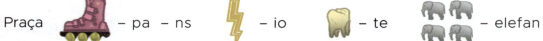

Praça ____ – pa – ns   ____ – io   ____ – te   ____ – elefan

_____ + _____ + _____ + _____ = _____

Avenida   A + T + L + ____ – cora + ____ – jolo + ____ – sa

___ + ___ + ___ + _____ + _____ + _____ = _____

51

Os caminhos entre os lugares

Tanto nas cidades quanto no campo há diferentes tipos de vias públicas. Você sabe o nome de algumas delas em seu município?

Veja as imagens a seguir. Elas mostram os nomes de diferentes vias públicas.

Alamedas Líbia e Alaska. Manaus, Amazonas, 2017.

Rua das Rosas. Santa Maria, Rio Grande do Sul, 2016.

Travessa dos Apinagés. Belém, Pará, 2014.

Estrada Serrinha do Carmo. São Roque, São Paulo, 2016.

1. Escreva os tipos de vias públicas citadas nas placas.

2. Observe as fotografias e responda às questões.

a) Qual das fotografias mostra uma via pública na cidade?
_____

b) Qual das fotografias mostra uma via pública no campo?
_____

c) Como é o movimento nessas vias?
- Fotografia 1

_____

- Fotografia 2

_____

d) Que elementos você consegue observar nessas imagens? Descreva-os.

Fotografia 1: _____

Fotografia 2: _____

53

O que é via pública

Você deve ter percebido que vias públicas não são apenas ruas e avenidas. Travessas, praças, largos, alamedas e estradas também são chamados vias públicas.

Isso mesmo! **Via pública** é um caminho que serve para as pessoas e os veículos transitarem de um lugar para outro em um bairro, uma cidade ou em um município.

Veja alguns tipos de vias públicas.

Rua: caminho para o trânsito de veículos e pessoas, geralmente ladeado de construções.

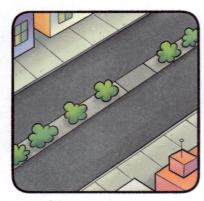

Avenida: caminho mais largo que a rua, em geral com duas pistas e um canteiro central.

Alameda: em sua origem significa rua com muitas árvores plantadas nas calçadas.

Largo: amplo espaço situado no encontro entre algumas ruas. Também é chamado de **praça** ou **terreiro**.

Beco: rua curta, estreita e, às vezes, sem saída.

Praça: lugar largo e espaçoso, muitas vezes com jardins e árvores, cercado de ruas, avenidas, casas ou edifícios.

Ilustrações: Reinaldo Rosa

54

Os nomes de vias públicas

1. Leia com o professor o texto da reportagem a seguir.

Em Arapongas, só pássaros!

Localizada no norte do Paraná, Arapongas, com seus mais de 104 mil habitantes, tem uma característica curiosa. Ela é a única cidade do país onde todas as ruas são nominadas por pássaros. O próprio nome do município é uma homenagem à ave "Araponga", conhecida pelo grito alto e estridente. Ao todo, são 1184 ruas [...], que estão registradas no Departamento de Cadastro da prefeitura municipal. "Para buscar os nomes, nós utilizamos um livro atualizado sobre as espécies de pássaros", diz Ivone Sonçatti Morelli, assistente administrativa.

Disponível em: <http://www.folhadelondrina.com.br/cidades/em-arapongas-so-passaros-753631. html>. Acesso em: jun. 2017.

Responda:

a) Qual é o nome da cidade citada no texto?

_____

b) A araponga é uma ave que vive em alguns países, como o Brasil. Você sabe o nome de outras aves brasileiras? Quais?

_____

_____

c) O que você pensa da ideia de dar nome de aves às ruas da cidade?

_____

_____

2. Leia com atenção, na representação a seguir, o nome de algumas ruas da cidade de Arapongas.

- Escreva o nome de algumas ruas que você identificou na representação.

_____

_____

_____

_____

_____

_____

Você viu que as vias públicas da cidade de Arapongas têm nome de aves, não é mesmo? As vias públicas de um bairro podem receber nomes de uma mesma origem (aves, países, estados). Quando isso ocorre, as pessoas identificam mais facilmente a localização das vias no espaço da cidade.

No entanto, as vias podem ter nomes de vários tipos. Veja a seguir.

- Nomes de pessoas importantes, como Avenida Tancredo Neves (importante político brasileiro) e Alameda Ayrton Senna (famoso esportista).

As vias podem também ter nomes de pessoas famosas e artistas, como o da cantora Clara Nunes nessa placa, na cidade do Rio de Janeiro, Rio de Janeiro. Fotografia de 2017.

- Nomes de cidades, estados e países, como Rua Chile (país da América do Sul), Rua Pará (estado brasileiro) e Avenida Maringá (cidade do estado do Paraná).

Essa placa identifica a Rua Amazonas, que é o nome de um estado brasileiro. Essa rua fica na cidade de Salvador, Bahia. Fotografia de 2017.

- Nomes de animais, plantas, rios ou formas de relevo, como Rua Sucuri, Alameda dos Coqueiros, Avenida Serra da Mantiqueira.

Nessas placas que ficam em Manaus, capital do estado do Amazonas, vemos o nome de dois importantes rios brasileiros que dão nome às ruas da cidade. Fotografia de 2017.

Em algumas cidades, também é possível encontrar vias públicas identificadas por números. Veja, por exemplo, algumas ruas de um bairro do município de Goiânia, capital do estado de Goiás.

Goiânia: vias públicas – 2016

Fonte: Google Maps. Disponível em: <https://goo.gl/zdb7a5>. Acesso em: out. 2017.

1. Qual é o nome da via pública onde fica sua escola?

   _____

   _____

2. Que tipo de via pública ela é?

   _____

3. Com a ajuda do professor, pesquise o significado do nome dessa via. Identifique se é o nome de uma pessoa, de um animal, de um rio etc. Em seguida, escreva o que você descobriu a respeito do nome da rua de sua escola.

   _____

   _____

Símbolos nas vias públicas

Nas vias públicas, além das placas com o nome das ruas, também há outras placas que indicam informações importantes. Você já viu alguma delas? Observe.

Esse símbolo indica que é proibido estacionar o carro no local.   Esse símbolo indica que ali há uma faixa de pedestres.

Os desenhos nas placas são **símbolos** criados para orientar os motoristas.

Agora é sua vez! As placas abaixo estão sem legenda. Converse com o professor e os colegas sobre o que vocês acham que os símbolos das placas significam. Depois escreva o significado de cada uma.

_____   _____

_____   _____

_____   _____

_____   _____

Isto é Cartografia

A maquete das imediações da escola

Para conhecer melhor o lugar onde fica sua escola e o nome das vias públicas do entorno, você fará uma maquete das imediações da escola.

Maquete é a representação de um lugar em tamanho reduzido, ou seja, menor do que é na realidade. Esse lugar pode ser um edifício, uma casa, um quarteirão ou mesmo um bairro inteirinho!

Para fazê-la, use as anotações e o desenho feito pela turma na atividade da seção **Investigando a redondeza**, na página 14, no final da Unidade 1.

O professor organizará a montagem da maquete de acordo com as informações que vocês registraram durante o passeio.

Siga os passos indicados a seguir.

1. Junte caixinhas de vários tamanhos, como embalagens vazias que você tenha guardadas em casa.

2. Em seguida, junto com os colegas, encape ou pinte as caixinhas com a cor dos prédios, das casas e da escola. Escreva nelas o nome de cada tipo de estabelecimento que vocês viram durante o passeio.

3. Prepare a base da maquete. Você poderá usar uma folha de isopor ou outro material, como papelão ou madeira.

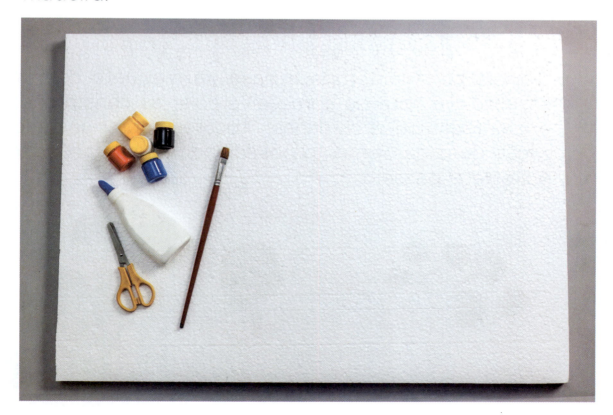

4. É importante traçar o limite dos quarteirões e das ruas que fazem parte do espaço que será representado. Com a ajuda do professor, você pode pintar a sinalização das ruas, como as faixas de pedestres.

5. Depois de colorir toda a base da maquete com a cor escolhida, é hora de começar a colar as construções representadas pelas caixinhas. Procure lembrar-se da localização de cada elemento observando as anotações feitas durante o passeio.

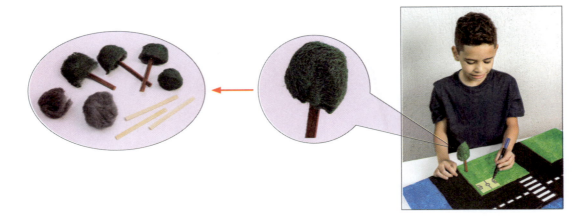

6. É importante desenhar ou colar outros elementos que você e os colegas queiram representar, como a quadra da escola, o pátio, as placas de sinalização etc.

7. Depois de concluída a maquete, observe-a com atenção e responda, no caderno, às questões a seguir.

1. O quarteirão de sua escola se parece com alguma forma geométrica? Se sim, com qual forma?

2. Qual é o nome da rua onde está a entrada principal da escola?

3. Quais são os nomes das ruas que estão nos limites do quarteirão de sua escola?

4. As ruas no entorno de sua escola também formam limites com outros quarteirões?

5. Quais são os tipos de construção encontrados no quarteirão de sua escola?

6. Olhando a escola de frente (pela entrada principal), que elementos e construções estão à direita no quarteirão?

7. E que elementos e construções estão à esquerda no quarteirão?

8. Que elementos e construções encontramos no quarteirão que está em frente à escola?

9. Anote os elementos e construções encontrados na parte de trás da escola.

10. Escreva o que você achou da experiência da construção da maquete.

🐚 Todo lugar tem um endereço

Você já observou, em alguns lugares, placas com nomes de ruas? Já viu o número na frente das casas? E nos prédios de apartamentos, já identificou o nome de algum deles? É sobre isso que falaremos agora. Já sabe do que se trata?

Veja as placas que mostram alguns endereços.

Placa no Recife, Pernambuco, 2014.

Placa em Pirapora do Bom Jesus, São Paulo, 2016.

Placa em Gramado, Rio Grande do Sul, 2016.

Placa em Taubaté, São Paulo, 2017.

65

Nas placas mostradas na página anterior estão escritos os nomes de algumas vias públicas. Além de identificar o nome da via, em algumas delas há também números, o nome dos bairros e também do município.

1. Indique qual fotografia mostra:

☐ o nome do bairro;

☐ os números das residências;

☐ o nome do município.

2. As placas nos ajudam a localizar corretamente os lugares.

Mas o que devemos dizer a alguém quando queremos explicar nosso endereço?

Marque com **X** os quadrinhos que identificam um endereço.

☐ O nome da via pública (rua, avenida, travessa, estrada, entre outros).

☐ Seu nome e o nome de seus avós.

☐ O número da residência ou do estabelecimento.

☐ O nome de seu animal de estimação.

☐ O nome do bairro.

☐ O nome da cidade ou do município.

☐ O nome do último livro que você leu.

Identificar endereços

Veja, a seguir, o endereço do Teatro Amazonas, que fica em Manaus, capital do estado do Amazonas.

Vista frontal do Teatro Amazonas, em Manaus, Amazonas, 2015.

Nome do lugar — **Teatro Amazonas**
Rua Tapajós, 5. — Nome da via pública e número
Nome do bairro — **Bairro Centro**
Manaus – Amazonas — Nome do município e do estado brasileiro
CEP: 69.025-140

CEP – significa Código de Endereçamento Postal. É usado pelos Correios para encontrar de forma mais rápida o local de entrega de uma correspondência.

Agora é sua vez! Em casa e com a ajuda de um adulto, preencha seu endereço abaixo.

(Escreva seu nome) Casa do(a) _____

(Nome da via pública e o número da casa) _____
_____

(Nome do bairro onde você mora) _____

(Nome da cidade e do estado onde você mora) _____
_____

(CEP do seu endereço) _____

Veja outros exemplos de endereços.

Mariana vive no bairro de Boa Viagem, no Recife, estado de Pernambuco. Ela enviou uma mensagem de texto para sua colega Cristina. Elas marcaram um encontro para irem ao cinema.

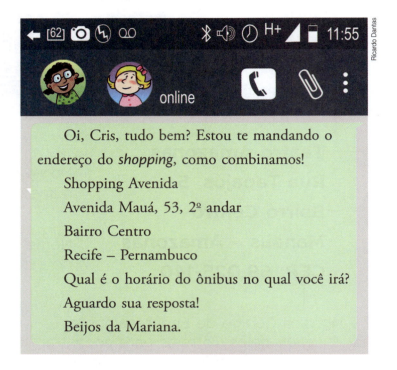

Leia agora o bilhete em que Alex convida seu amigo Marcelo para passar um fim de semana em sua chácara, no município de Campo Grande, capital do estado de Mato Grosso do Sul.

> Marcelo, gostaria muito que você viesse à festa em nossa chácara.
>
> Para chegar lá, vá até o Bairro Industrial e entre na BR-262. Logo encontrará uma placa indicando a Vila Rural Primavera. Assim que passar a placa, vire à esquerda, na Estrada Três. Depois de duzentos metros avistará uma grande árvore. Depois da árvore, vire à direita. A primeira casa que você avistar é a minha.
>
> Aguardo você por lá!
>
> Alex.

68

1. Escreva o endereço completo do *shopping* onde Cristina e Mariana combinaram de se encontrar:

   Nome da via pública: _____.

   Número: _____.

   Nome do bairro: _____.

   Nome do município: _____.

   Nome do estado: _____.

2. Mariana mora em um bairro diferente daquele onde fica o *shopping*. Então ela sairá do bairro _____ e irá ao bairro _____ para encontrar a amiga.

3. Escreva o endereço da chácara na qual Marcelo foi convidado a passar o fim de semana.

   Nome da via pública: _____.

   Número: _____.

   Nome do bairro: _____.

   Nome do município: _____.

   Nome do estado: _____.

4. Marcelo citou pontos de referência importantes para que o amigo pudesse encontrar o endereço. Quais foram essas referências?

   _____

   _____

5. Qual dos personagens indicou o endereço no espaço rural? E qual deles indicou o endereço no espaço urbano?

   _____

Enviar uma correspondência

Você já recebeu alguma correspondência pelo correio? Já enviou alguma? Se nunca enviou, terá a oportunidade de fazer isso agora, com o auxílio do professor. É importante seguir as indicações.

1. Escreva um texto, junto com os colegas e com a ajuda do professor, que descreva a turma e a escola onde vocês estudam. Falem também sobre as características do bairro e da cidade onde vivem. Se for possível, coloquem algumas fotografias para mostrar como é o lugar.

2. Seu professor dará o endereço de outra escola. A carta será endereçada à turma do 3º ano da escola escolhida. Os alunos dessa escola serão os **destinatários**, ou seja, a quem a carta se destina. Sua turma será o **remetente**, que é o nome de quem remete ou envia a carta.

3. Observe os desenhos dos envelopes de carta. Em seguida, preencha no livro as informações solicitadas. Depois o professor preencherá o envelope que será enviado.

Agência dos Correios, município de Goiás, estado de Goiás, 2016.

Na frente do envelope, escrevemos o endereço do **destinatário**.

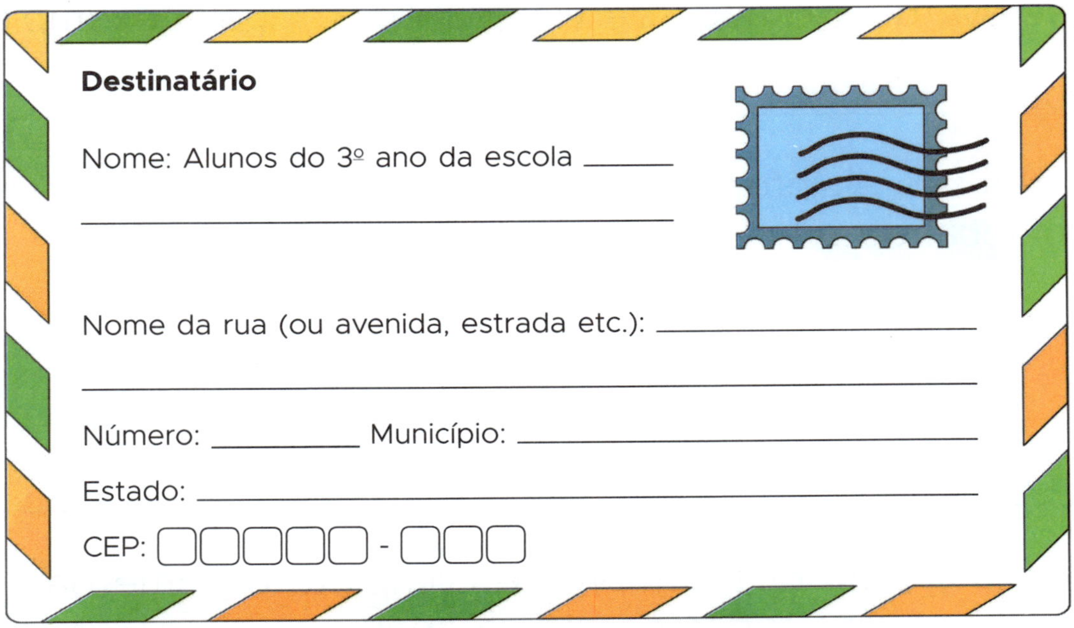

Destinatário

Nome: Alunos do 3º ano da escola _____
_____

Nome da rua (ou avenida, estrada etc.): _____
_____

Número: _____ Município: _____

Estado: _____

CEP: ⬜⬜⬜⬜⬜ - ⬜⬜⬜

Ilustrações: Edson Farias

Na parte de trás do envelope, colocamos o endereço do **remetente**.

Remetente

Nome: Alunos do 3º ano da escola _____
_____

Nome da rua (ou avenida, estrada etc.): _____
_____

Número: _____ Município: _____

Estado: _____

CEP: ⬜⬜⬜⬜⬜ - ⬜⬜⬜

Retomada

1. Escreva quatro tipos de vias públicas. Siga o **exemplo**.

    Rua _____

2. Quais são as informações necessárias para encontrarmos um local ou enviarmos uma correspondência?

    _____

    _____

    _____

3. Siga a ordem dos números e complete o nome das ruas do bairro mostradas na planta abaixo.

Balneário Camboriú: vias públicas – 2016

Fonte: Google Maps. Disponível em: <https://goo.gl/NKV6Z2>. Acesso em: out. 2017.

4. No quadro a seguir, trace um caminho de um lado a outro (do ponto A até o ponto B), passando pelos quadrinhos. Mas atenção: você só pode traçar o caminho pelos quadrinhos que mostram desenhos relacionados ao que estudamos nesta unidade.

Periscópio

📖 Para ler

A rua de todos os perigos!, de Sylvie Girardet. São Paulo: Companhia Editora Nacional, 2007. Com esse livro, você conhecerá melhor as ruas e seus perigos, em uma grande aventura.

A Rua Sem Nome: Uma história de Natal, de Etna Lacerda. São Paulo: Editora FEB, 2013. Quer escolher o nome para uma rua? Leia a história do menino que já fez isso!

O mistério da Rua das Andorinhas, de Débora Esteves. Rio de Janeiro: Multifoco, 2012. Essa é a história de algo misterioso que ocorreu na Rua das Andorinhas. Leia o livro e descubra o que houve e como foi solucionado!

▶ Para assistir

A rua é pública, direção de Anderson Lima, 2013. Crianças gostam de jogar futebol. No filme, elas têm a bola e a vontade, mas não têm um espaço para jogar.

👆 Para acessar

Google Maps: pesquise e encontre seu endereço e muitos outros no mundo todo.
Disponível em: <www.google.com.br/maps>. Acesso em: maio 2017.

UNIDADE 5
Os trabalhadores e o ritmo dos lugares

1. Recorte, da página 159, as imagens dos profissionais e dos instrumentos que cada um deles utiliza. Cole-as abaixo, encaixando os objetos perto dos profissionais correspondentes. Em seguida, responda: O que cada um deles está fazendo?

Ilustrações: Danilo Souza

75

As pessoas e o trabalho

Alguma vez, ao caminhar pelas ruas, você percebeu pessoas trabalhando em diversos locais? Que tipo de profissionais você conhece? Sabe onde eles trabalham? E aí? Já descobriu o que estudaremos agora?

A todo momento há pessoas trabalhando em diferentes atividades, tanto no campo como nas cidades. Muitos desses trabalhadores fazem parte de nosso dia a dia e dependemos diretamente do trabalho desses profissionais.

Observe com atenção a cena na rua de um bairro.

1. Encontre no dicionário as palavras a seguir e escreva seu significado.

a) Trabalho: _____

_____

b) Profissão: _____

_____

2. Circule na ilustração as pessoas que estão trabalhando.

3. Com a ajuda do professor, preencha o quadro da seguinte forma: na primeira coluna, escreva o nome da profissão de alguns dos trabalhadores que você identificou na imagem; na segunda coluna, descreva as atividades que ele exerce. Siga o exemplo.

Profissão	Atividade
Pedreiro	Constrói casas, edifícios, calçadas e muros.

Investigando a redondeza

Os profissionais do meu bairro

Na rua onde você mora ou no bairro onde vive, muitas pessoas desenvolvem diferentes atividades. Escreva no quadro abaixo o nome de profissionais que você já observou em seu bairro.

Em casa, e com a ajuda de um adulto, pinte no quadro a seguir os tipos de estabelecimentos que existem no bairro onde você mora.

Padaria	Fábrica
Lanchonete	Livraria
Escola	Agência bancária
Papelaria	Farmácia
Clínica médica	Supermercado
Pet shop	Clínica dentária

1. Em seu bairro há estabelecimentos diferentes dos listados acima? Quais?

_____

2. Há algum estabelecimento que não existe em seu bairro e é preciso ir a outros bairros para usá-lo? Qual?

_____

Conhecendo os profissionais

Muitas pessoas trabalham em diferentes profissões, tanto nas cidades quanto no campo. Para conhecer um pouco mais o trabalho dessas pessoas, você deve organizar as informações que já sabe sobre elas. Converse com os colegas em sala de aula e complete as linhas abaixo com as conclusões a que chegarem.

O que se vende em

uma padaria: _____ .

uma peixaria: _____ .

uma papelaria: _____ .

uma farmácia: _____ .

Quais são os profissionais que atuam nesses lugares de trabalho?
_____

O que se produz em

um sítio ou fazenda: _____
_____
_____.

uma indústria de móveis: ____
_____
_____.

uma indústria de medicamentos:
_____
_____.

uma indústria de alimentos:
_____
_____.

Quais são os profissionais que atuam nesses lugares de trabalho?
_____
_____
_____

81

Para que vamos a

uma feira livre: _____   um consultório médico:

_____   _____

_____.   _____.

um escritório de arquitetura: uma escola de línguas:

_____   _____

_____.   _____.

Quais são os profissionais que atuam nesses espaços de trabalho?

_____

_____

A importância dos trabalhadores

Em nosso dia a dia, precisamos de muitas coisas para viver: alimentos, roupas, moradia, escola, livros, diversão, entre tantas outras.

Para terem acesso a tudo isso, as pessoas se organizam em sociedade para trabalhar em atividades como plantar, fabricar, construir, vender e prestar serviços que atendam às nossas necessidades. Dessa forma, as atividades desenvolvidas pelos profissionais são muito importantes para que a vida em comunidade seja possível.

Observe as cenas a seguir e reflita sobre a importância do trabalho das pessoas.

Agora converse com o professor e os colegas e responda às questões.

1. O que essa sequência de imagens mostra?

2. Você percebeu a importância do trabalho dos diferentes profissionais representados nas cenas? Explique.

3. Em seu dia a dia, você é beneficiado pelo trabalho de diferentes profissionais? Quem são eles? Conte aos colegas e ao professor e ouça o que eles têm a dizer a respeito.

O ritmo dos lugares

Muitas coisas acontecem no decorrer de um dia nas vias públicas, como ruas e praças. Estudantes entram e saem das escolas, automóveis e pessoas circulam de um lado para outro e, à noite, o barulho das lojas e fábricas pode desaparecer. Esses são alguns exemplos, entre tantos outros acontecimentos, que impõem um ritmo aos lugares. Você já prestou atenção no ritmo de seu bairro? Você o considera um bairro calmo ou agitado? Explique sua opinião aos colegas.

Observe com atenção as fotografias a seguir. Elas mostram um cruzamento na Avenida Afonso Pena, no centro da cidade de Belo Horizonte, capital do estado de Minas Gerais.

Terça-feira, 7 horas da manhã.

Terça-feira, 1 hora da tarde.

Terça-feira, 6 horas da noite.

Agora reflita: As imagens mostram a mesma rua no mesmo dia da semana? Os horários são os mesmos? O que você percebeu sobre o movimento em cada horário do dia?

Compare as imagens e responda às questões.

1. Em qual horário há pouco movimento? Por que você acha que isso acontece?

___

2. Em que horário a rua fica mais movimentada? Por que você acha que isso ocorre?

___

3. A fotografia abaixo mostra o mesmo lugar que você viu nas páginas anteriores, mas em outro dia da semana.

Domingo, 10 horas da manhã.

a) Quais mudanças podemos perceber na paisagem dessa parte do bairro aos domingos em relação aos outros dias da semana?

_____

_____

_____

b) Em sua opinião, por que isso acontece? Converse com os colegas e busquem respostas.

_____

_____

_____

87

4. Forme um círculo com os colegas e, com a ajuda do professor, conversem sobre o movimento no bairro onde você mora e no bairro onde sua escola está localizada.

- Você acha seu bairro sossegado ou movimentado?
- Nas calçadas circulam mais adultos ou crianças?
- Há muitos veículos transitando? Em qual horário? No período da manhã, da tarde ou da noite?
- Registre no quadro abaixo o que você e os colegas conversaram sobre o bairro em que você mora e sobre o bairro de sua escola.

	Como é?	
	O bairro onde você mora	**O bairro de sua escola**
Pela manhã		
À tarde		
À noite		

Ilustrações: Leonardo Conceição

A rotina dos trabalhadores

Você sabe o que é rotina? Será que as pessoas trabalham nos mesmos horários ou em horários diferentes? Como é o dia a dia dos trabalhadores do campo e a rotina dos da cidade?

Sabemos que a quantidade de pessoas e de veículos que circulam por um bairro muda no decorrer do dia e da semana. Durante o dia, pela manhã e à tarde, circulam mais pessoas, principalmente nas ruas onde há lojas, escritórios, escolas, entre outros estabelecimentos. Já à noite, o movimento diminui, porque a maioria das pessoas volta para casa para descansar.

Vamos conhecer a rotina de alguns trabalhadores que vivem em um mesmo município do litoral brasileiro.

Patrícia é professora em um colégio. Ela sai para trabalhar bem cedinho junto com seus filhos, e todos vão a pé até a escola. Patrícia dá aulas na mesma escola de manhã e à tarde.

Na hora do almoço, Patrícia almoça na casa da mãe. As crianças ficam com a avó até as 17 horas, quando Patrícia sai do trabalho. Ela e os filhos vão juntos para casa.

89

Sandoval é pescador e vive em uma comunidade do litoral. Ele acorda de madrugada e sai com seu barco mar adentro até encontrar os **cardumes**.

> **Cardume:** grande grupo de peixes que nadam juntos nos rios, lagos ou no mar.

Sandoval almoça no próprio barco, pois não dá tempo de voltar para casa. Ele retorna à tarde e leva o que pescou para vender aos fregueses, que já o estão aguardando.

Marcos é estudante do curso de Educação Física. Sua aula começa bem cedinho e ele vai de moto para a universidade.

À tarde, depois da aula, Marcos almoça e dorme, porque ele trabalha à noite como porteiro em um prédio residencial no centro da cidade.

Como você percebeu, a rotina dos personagens é bem diferente uma da outra, não é mesmo?

1. Leia e observe novamente a rotina dos personagens das páginas anteriores. Em seguida, complete o quadro abaixo com as informações das legendas do texto.

Inclua no quadro as informações sobre a rotina de duas pessoas que você conhece. Pergunte a elas seus horários de trabalho e como vão até o local. O professor explicará o que fazer com base no exemplo de Patrícia.

	Período do dia em que trabalha (manhã, tarde ou noite)	Como se desloca até o trabalho	Profissão
Patrícia	manhã e tarde		
Sandoval	manhã e tarde		
Marcos	noite		

Tabelas

Os deslocamentos pelos bairros — meios de transporte

De que maneira as pessoas se deslocam pelos bairros?

Algumas se deslocam a pé, mas boa parte dos moradores dos bairros utilizam diferentes **meios de transporte**. Os meios de transporte levam pessoas e mercadorias de um lugar para outro.

Descubra quais são os meios de transporte mais utilizados pela turma. Para isso, o professor deverá montar na lousa uma tabela de acordo com o modelo abaixo.

Nome do aluno	À pé	Carro	Transporte coletivo	Bicicleta	*Van* ou ônibus escolar
10 –					
9 –					
8 –					
7 –					
6 –					
5 –					
4 –					
3 –					
2 –					
1 –					

Se necessário, incluam na tabela outras opções de meios de transporte.

Depois de montada a tabela, o professor pergunta para cada aluno: Que meio de transporte você utiliza para chegar à escola?

À medida que cada aluno conta aos demais como vem para a escola, o professor preenche uma das opções existentes nas colunas com o nome do entrevistado.

Ao final da pesquisa, conte os quadrinhos da tabela com as respostas da turma em cada item e responda às questões a seguir:

1. Qual é o meio de transporte mais usado pelos alunos de sua turma para chegar à escola todos os dias?

_____

_____

2. Qual é o meio de transporte menos utilizado?

_____

_____

3. Quantos alunos vêm caminhando para a escola?

_____

_____

4. Quantos utilizam o mesmo meio de transporte que você?

_____

_____

Retomada

1. Em sua opinião, o trabalho das pessoas é importante para nossa vida? Explique.

   _____

   _____

2. Leia o texto a seguir, sobre a rua onde vive um personagem chamado Marcelo.

   [...] Na minha rua passa o lixeiro, que leva o lixo, o carteiro, que traz as cartas, e o fruteiro que vende frutas. Mas o homem que entrega água na casa do alemão não se chama agueiro, como eu acho que devia. Ele é o entregador de água. [...]

   Ruth Rocha. *A rua do Marcelo*. São Paulo: Salamandra, 2001. p. 13.

   a) Quais são as profissões mencionadas no texto?

   _____

   _____

   b) E na rua de sua casa? Algum desses profissionais passa por ela? Conte aos colegas.

3. Muitos profissionais utilizam instrumentos de trabalho, ou seja, objetos que os auxiliam na execução de suas tarefas. Com a ajuda do professor, escreva no quadro abaixo o tipo de instrumento e o local de trabalho de cada profissional relacionado. O primeiro é um exemplo.

Profissão	Instrumento de trabalho	Local de trabalho
Bombeiro	capacete mangueira caminhão	quartel ou local onde ocorrem em incêndios
Cabeleireira		
Médico		
Agricultor		
Professora		

Ilustrações: Reinaldo Rosa

Periscópio

📖 Para ler

Profissões, de Aino Havukainen e Sami Toivonen. São Paulo: Panda Books, 2014.
Os irmãos Lico e Leco investigam para onde os adultos vão todas as manhãs. Eles tornam-se aprendizes de 12 diferentes profissões descobrindo as funções de cada uma, sempre de forma muito divertida!

Descobrindo os meios de transporte com o Quico, de Kenia Amazonita. São Paulo: Casa Publicadora Brasileira, 2013.
Destaca a importância dos meios de transporte e propõe atividades divertidas para fornecer dicas de segurança.

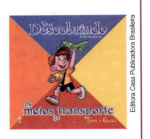

Coisas de índio: Versão Infantil, de Daniel Munduruku. São Paulo: Callis Editora, 2003.
Livro bom para pesquisa, interessante e com linguagem simples. Mostra o dia a dia e a organização da sociedade indígena.

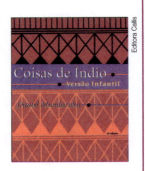

👆 Para acessar

Discovery Kids/Jogos: conheça as profissões e a importância de cada uma delas.
Disponível em: <http://discoverykidsbrasil.uol.com.br/jogos/jogando-com-as-profissoes/>. Acesso em: maio 2017.

As paisagens das cidades

1. O quebra-cabeça abaixo foi montado, mas algumas peças foram perdidas! O que as peças que faltam mostravam? Desenhe e pinte o que falta nas peças para completar a imagem. Mas, antes, verifique a sequência das outras peças!

As cidades são diferentes

Você acha que todas as cidades são iguais? Em sua opinião, o que não pode faltar em uma cidade? E o que existe em sua cidade que a torna diferente de todas as outras?

Leia com atenção o poema a seguir.

Minha cidade

Desenhei minha cidade.
Mas que desenho engraçado!
Queria mostrar liberdade,
Mas só parecia um traçado.

Foi então que eu percebi
Que toda a cidade é frondosa.
Aí, depois, eu colori
E minha pintura ficou gloriosa.

Havia árvore, montanha e rio,
Havia Lua e havia Sol,
Casas, ruas e até navios,
Muito amor, perfume e até um girassol.

Texto dos autores

1. Identifique com os colegas qual é o tema principal do poema e conversem sobre isso. Em seguida, desenhe no quadro abaixo a cidade em que você mora ou a cidade mais próxima, tal como a conhece. Pode ser uma parte da cidade ou a paisagem de um lugar que você considera especial.

2. Em uma roda de conversa com os colegas, responda: Você acha que a cidade onde mora ou estuda é parecida com a cidade representada na página anterior?

Agora compare seu desenho com o dos colegas e verifique semelhanças e diferenças entre eles. Será que esses elementos são encontrados em todas as cidades do Brasil? Troque ideias também com o professor.

Explorando a paisagem de uma cidade

Observe a fotografia abaixo, que retrata a paisagem da cidade de Campinas, no estado de São Paulo. Nessa cidade vivem mais de 1 milhão de habitantes.

1. Descreva os elementos que você observa na fotografia da cidade de Campinas:

    a) que estão mais à frente;

    _____

    _____

    b) que estão mais ao fundo.

    _____

2. Que elementos da imagem mostram que Campinas é uma cidade grande?

    _____

    _____

100

O que torna as cidades únicas?

Você já sabe que as cidades têm várias características que as tornam diferentes umas das outras, não é mesmo? Essas diferenças podem estar, por exemplo, no aspecto de suas construções (edifícios altos, casas antigas, muitas indústrias etc.), nos costumes dos moradores, no tipo de relevo (com terrenos planos ou acidentados) ou no número de habitantes.

1. Observe com atenção as paisagens.

A cidade de Luzerna, no estado de Santa Catarina, abriga aproximadamente 6 mil habitantes.

A cidade de Ouro Preto, no estado de Minas Gerais, tem aproximadamente 74 mil habitantes.

A cidade de Brasília, no Distrito Federal, tem em torno de 3 milhões de habitantes.

Você viu fotografias de três diferentes cidades brasileiras. Após tê-las observado com atenção, responda:

a) O que você viu nessas cidades que as torna diferentes entre si?

_____
_____
_____

b) Alguma característica dessas cidades é parecida com algo que existe na cidade onde você mora ou na cidade mais próxima?

_____
_____
_____

c) Reveja as fotografias das páginas anteriores. Quais são as cidades representadas nos detalhes das fotografias a seguir? Escreva o nome da cidade nas linhas abaixo de cada imagem.

d) Vamos ver se você é mesmo um bom observador? Releia as legendas das fotografias nas páginas 101 e 102. Em seguida, leia o relato de três moradores nos quadros abaixo e descubra em qual das cidades apresentadas cada um deles mora.

> "Meu nome é Ronaldo. Minha cidade não é muito grande, nem pequena. Em sua parte mais antiga existem igrejas e casarões, e suas ruas são estreitas e bem íngremes, que chamamos de ladeiras."
>
> Eu moro em _____, no
>
> estado de _____.

> "Meu nome é Edijan. Moro em uma cidade muito pequena, com poucos prédios. Nela há ruas com muitas árvores e casas com quintais amplos e ajardinados. Tudo é bem pertinho e costumamos andar a pé."
>
> Eu moro em _____, no
>
> estado de _____.

> "Eu sou Vanessa. Na cidade onde moro as avenidas são largas e os edifícios, grandes e espaçosos. Aqui tudo é muito distante, por isso vamos de carro. Eu moro na capital do meu país."
>
> Eu moro em _____, no
>
> _____.

2. Em sua opinião, quais características tornam sua cidade única?

_____

_____

A maioria dos brasileiros vive nas cidades

Chamamos de **habitantes** o conjunto de moradores de um lugar, seja no campo, seja na cidade.

O conjunto dos habitantes de uma cidade recebe o nome de **população urbana**. Já o conjunto de habitantes que vive no campo é chamado de **população rural**. Atualmente, a maior parte dos brasileiros vive em cidades, ou seja, no Brasil, a população urbana é maior que a população rural.

Podemos representar a população urbana e a população rural do Brasil por meio de uma tabela ou de um gráfico. Veja os exemplos.

- Por meio de uma tabela:

População urbana no Brasil	160 milhões de pessoas
População rural no Brasil	30 milhões de pessoas

- Por meio de um gráfico:

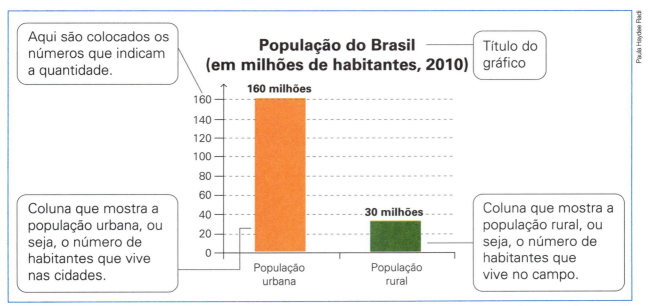

Fonte: Instituto Brasileiro de Geografia e Estatística (IBGE). *Censo Demográfico 2010*. Disponível em: <www.censo2010.ibge.gov.br/sinopse/index.php?dados=11&uf=00>. Acesso em: 15 maio 2017.

Tabelas e gráficos

Agora é sua vez de representar números em forma de tabela e gráfico. Com a ajuda do professor, siga as indicações.

1. Responda quantos alunos da turma moram:
   a) no mesmo bairro da escola?   b) em outros bairros?

   _____   _____

2. Complete a tabela:

Alunos no bairro da escola	
Alunos em outros bairros	

3. Insira as informações no gráfico:

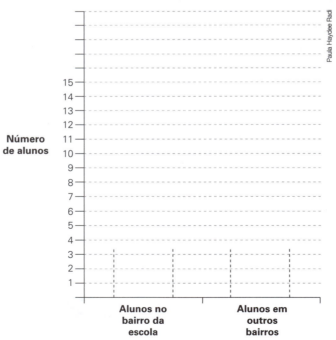

4. A maior parte dos alunos da turma habita o bairro da escola?

106

Isto é Cartografia

A planta dos bairros

Nas páginas anteriores você viu paisagens de algumas cidades brasileiras. Outra maneira de conhecermos as cidades é por meio de um tipo de mapa chamado de **planta**. Mas o que é uma planta?

Observe com atenção a imagem da cidade a seguir.

É desse ponto de vista que uma planta é feita. **Planta** é a representação, ou seja, o desenho de um lugar visto **do alto** e **de cima para baixo**. Ela mostra tudo o que está na superfície em tamanho reduzido, isto é, menor do que o tamanho real.

Observe a seguir a planta do lugar na imagem anterior.

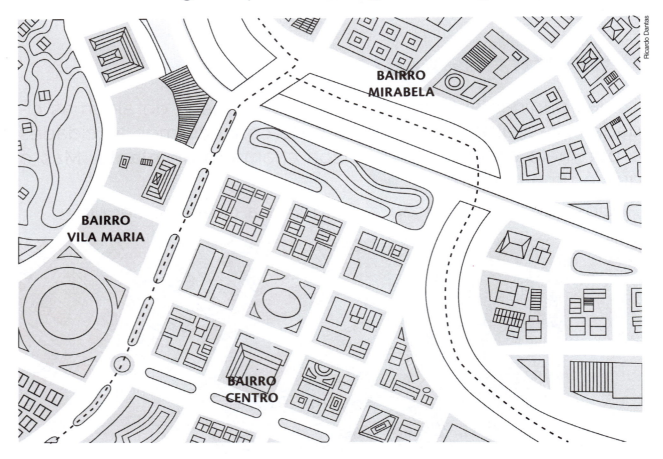

Para conhecer melhor as informações de uma planta e compreender o que ela representa, vamos fazer algumas atividades?

Observe atentamente os dois desenhos: a representação da cidade e a planta feita com base nela. Com a ajuda do professor, responda às questões a seguir.

1. Escreva o nome dos bairros que aparecem na planta.

___

2. Escreva o nome do bairro onde está localizada a praça em frente da escola.

___

3. Escreva o nome do bairro onde está o estádio de futebol.

_____

4. Pinte com a cor rosa os bairros que são vizinhos ao bairro da praça. Escreva o nome desses bairros.

_____

_____

5. Pinte com a cor verde o bairro onde se localiza a escola.

6. Trace na planta o trajeto mais curto possível entre a escola e a ponte.

7. Qual é o limite entre o bairro Mirabela e o bairro Vila Maria?

_____

8. Qual é o limite entre o bairro Centro e o bairro Vila Maria?

_____

_____

9. As plantas de bairros e cidades podem ser desenhadas como se os estivéssemos observando:

☐ de cima para baixo.

☐ de baixo para cima.

☐ de frente e para o lado.

☐ de trás e de lado.

Retomada

1. Você viu que as cidades são diferentes umas das outras. Que elementos nas paisagens das cidades mostram essas diferenças? Explique o que você pensa sobre isso.

_____

_____

_____

_____

2. O que as cidades podem ter de semelhante entre si?

_____

_____

_____

3. Cada cidade tem características que a diferem de outros lugares. Escreva três adjetivos que qualificam sua cidade.

_____

_____

4. Ligue as palavras a suas definições.

a) habitantes **b)** população urbana **c)** população rural

| conjunto de habitantes do campo | conjunto de moradores de um lugar | conjunto de habitantes das cidades |

5. Observe o desenho abaixo, leia as dicas e descubra o nome do bairro onde José mora. Os limites entre os bairros estão tracejados em vermelho.

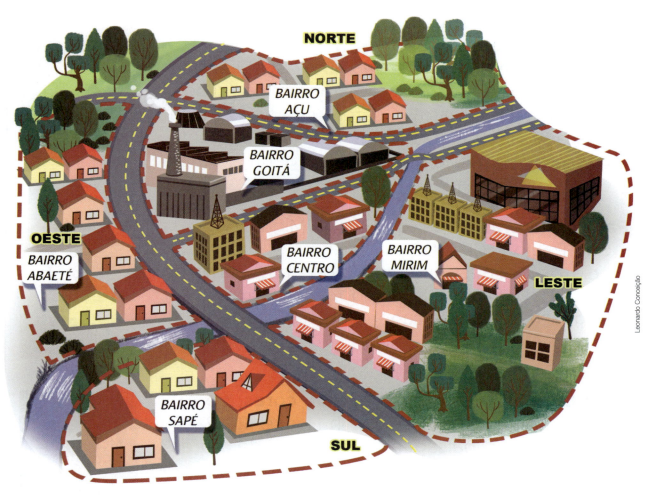

- José não mora no bairro Açu.
- O bairro de José não fica ao lado do Centro.
- O pai de José trabalha no bairro de Goitá, que fica distante de sua casa.
- José tem um amigo que mora no bairro Mirim, bairro vizinho ao seu.
- No bairro de Abaeté vive a avó de José. Ele vai visitá-la nos fins de semana.
- José mora no bairro: _____.

Periscópio

📖 Para ler

Na Janela do Trem, de Lúcia Hiratsuka. São Paulo: Cortez, 2013.
O trem vem de longe e vai para longe. Longe é um lugar que existe? É onde moram os primos? Ou onde tem mato? Ou tem cidade? O trem passa por tantas paisagens, e nele sobe gente, desce gente, sobe gente, desce gente... Tenha uma boa viagem!

Paisagens brasileiras, de Fátima Miguez. São Paulo: DCL, 2008.
Leia os poemas que, inspirados nas obras de Tarsila do Amaral, Candido Portinari e Lasar Segall, retratam paisagens brasileiras.

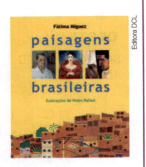

Uma bela paisagem: um jogo de cores, de Cíntia Fontolan. São Paulo: In House, 2012.
Vamos criar paisagens por meio de cores? Confira os belos resultados nesse livro.

👆 Para acessar

Cartografia escolar: entenda melhor mapas e plantas acessando esse divertido *site*.
Disponível em: <www.cartografiaescolar.ufsc.br/nocoes_cartografia_inicial.htm>. Acesso em: maio 2017.

UNIDADE 7
O espaço urbano

Observe a imagem:

Espaço urbano ocupado por manifestação cultural em Olinda, Pernambuco, em 2016.

A fotografia registra uma manifestação popular em Olinda, Pernambuco, em 2016. Circule o tipo de manifestação.

RODA DE CAPOEIRA   PROTESTO ESTUDANTIL

CARNAVAL

113

Como as cidades estão organizadas?

Já sabemos que as ruas e os quarteirões constituem os bairros, não é mesmo? Mas como os bairros são formados? Quais são as particularidades que os diferenciam?

Veja o que Lorena e Pedro descobriram sobre os bairros da cidade onde moram enquanto conversavam na escola durante a hora do lanche. Leia o diálogo entre os dois na historinha a seguir.

114

Como você viu, Lorena e Pedro descobriram que os bairros onde moram são bem diferentes um do outro. Agora converse com o professor e os colegas e responda:

1. Qual é o nome do bairro onde Pedro mora?

2. O que ele contou sobre o bairro?

3. Qual é o nome do bairro onde Lorena mora?

4. O que ela contou sobre o bairro?

5. O bairro onde você mora se parece com algum dos bairros descritos?

115

Leio e compreendo

Notícias

No diálogo anterior, Pedro disse que mora em um bairro onde existem muitas casas. Já Lorena mora no centro, em um bairro onde há várias lojas, *shoppings*, bancos e residências também.

Leia com atenção as notícias a seguir.

Área comercial do bairro Candeias terá coleta de lixo diária

Disponível em: <www.pmvc.com.br/v1/pmvc.php?pg=noticia&id=4627>.
Acesso em: maio 2017.

Pais de alunos do bairro Industrial Norte prestigiam a reunião na Escola Professor Pedro Henrique Berkenbrock

Disponível em: <www.rionegrinho.sc.gov.br/?pagina=noticias_view&id=317>.
Acesso em: maio 2017.

1. O que as notícias informam que ocorreu em cada bairro mencionado?

    ☐ Reunião de pais.　　☐ *Show* de artistas.

    ☐ Mutirão de limpeza.　　☐ Coleta de lixo.

2. Já aconteceu algo parecido no bairro onde você mora? Conte aos colegas.

116

Os tipos de bairros das cidades

Nas notícias que você leu, o assunto principal são os bairros das cidades. Mas cada notícia trata de um bairro diferente: uma fala de um bairro comercial e a outra de um bairro industrial.

Para entender por que alguns bairros recebem denominações diferentes, observe as fotografias a seguir com muita atenção. Todas as imagens mostram bairros da cidade de Paranavaí, no estado do Paraná.

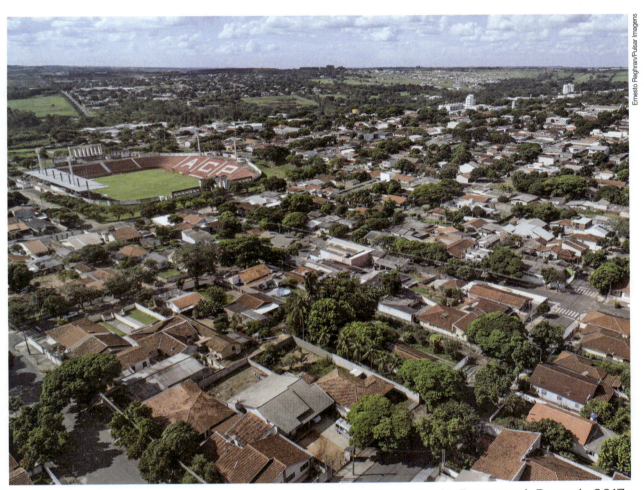

Na imagem acima, parte de um bairro residencial na cidade de Paranavaí, Paraná, 2017.

No **bairro residencial**, a maioria das construções são residências. Em muitos deles também existem ruas e avenidas onde se encontra algum tipo de comércio, como padarias, açougues, farmácias etc.

Paranavaí, Paraná, 2016.

Há bairros onde predominam atividades comerciais, com grande concentração de lojas, *shoppings*, bancos, escritórios, livrarias, supermercados e restaurantes. Em muitas cidades isso ocorre no bairro chamado Centro. Esses espaços são identificados como **bairros comerciais**.

Paranavaí, Paraná, 2016.

Quando em um bairro há várias fábricas, ele é identificado como um **bairro industrial**. Muitas vezes, os trabalhadores dessas fábricas acabam morando nas imediações, por isso, pode-se também formar uma área residencial e comercial dentro do bairro industrial.

1. Com a ajuda do professor, complete o texto com as palavras do quadro.

residências	fábricas	moradias	residenciais
comerciais	comércio	industriais	industrial

a) Nos bairros residenciais existem muitas _____. Elas são as _____ das pessoas que vivem nas cidades.

b) Os bairros _____ concentram lojas e outros tipos de atividade comercial. O _____ é a atividade de compra e venda de mercadorias.

c) Nos bairros _____ geralmente há diversas _____. Nelas os operários produzem várias mercadorias que utilizamos no dia a dia.

d) Muitas vezes, os trabalhadores de um bairro _____ _____ moram perto das fábricas. Por essa razão, formam-se áreas comerciais e _____ dentro dos bairros industriais ou no entorno deles.

2. Agora complete os textos com base nos quadrinhos que você leu nas páginas 114 e 115:

a) Lorena mora em um bairro onde existe muito comércio. Então Lorena mora em um bairro _____ _____.

b) Pedro vive em um bairro onde predominam as residências. Assim, Pedro vive em um bairro _____.

119

Giramundo

Onde sua cidade começou?

Em muitas cidades do Brasil e do mundo há **bairros históricos**. Eles são formados por um conjunto de quarteirões onde ainda se concentram algumas das primeiras construções de uma cidade. Em geral, as cidades crescem no entorno desses bairros antigos com a criação de novos **loteamentos**. Assim, são abertas novas ruas e avenidas e, consequentemente, novos bairros.

> **Loteamento:** área dentro da cidade que é dividida em quarteirões e, depois, em terrenos, formando novas ruas e avenidas.

Há muitos anos, o artista carioca Oscar Araripe dedica-se a pintar quadros que retratam, entre outros temas, antigos bairros históricos de importantes cidades brasileiras. Vamos conhecer alguns deles?

Neste quadro, o artista representou um bairro da cidade de Porto Seguro, no estado da Bahia. O nome do bairro é Cidade Histórica. Oscar Araripe, *A Cidade Histórica de Porto Seguro*, 1998. Acrílica sobre tela, 110 cm × 120 cm.

Já nesta obra, o artista representou a praça e a igreja matriz da cidade de São João del Rei, no estado de Minas Gerais. Oscar Araripe, *Matriz de São João del Rei*, 1998. Acrílica sobre tela, 110 cm × 120 cm.

- Observando as duas pinturas, quais elementos retratados pelo artista você percebe? Troque ideias com os colegas e o professor e as escreva no caderno.

Depois de observar as obras de Oscar Araripe, você deve investigar mais sua cidade. Converse com um adulto e pergunte o nome de três bairros: um residencial, um comercial e um industrial. Descubra também se existe um bairro histórico na cidade.

Procure saber se os prédios históricos (construções mais antigas) estão bem conservados. Como se chamam as ruas principais nessa área da cidade? O bairro histórico é próximo ou distante de onde você mora?

Registre no caderno essas informações e traga-as para a sala de aula. Ouça o que os colegas da turma descobriram sobre o assunto.

Isto é Cartografia

Orientação pelo Sol

O lugar onde o Sol nasce no horizonte é usado, há muito tempo, como um ponto de referência para que as pessoas possam se orientar. As palavras **orientar** e **orientação** são originárias da palavra **oriente**, que significa "lugar onde o Sol nasce" ou nascente. À direção oposta ao nascente damos o nome de poente, que é o lugar onde o Sol se põe no horizonte ao final do dia.

Mas você já observou as posições do Sol no céu no decorrer do dia? Como será que podemos perceber esse movimento? Veja as imagens.

No meio do dia, observamos o Sol no alto do céu.

Poente: direção no horizonte em que o Sol se põe, no final da tarde.

Nascente: direção no horizonte onde o Sol nasce, no início da manhã.

Leonardo Conceição

122

Os pontos cardeais

Para que todos possam utilizar de forma unificada a orientação pelo Sol, foram dados nomes às direções do nascente e do poente.

O nascente também é chamado de **leste**.

O poente também é chamado de **oeste**.

Sabendo as direções leste e oeste, podemos encontrar outras duas direções importantes: o **norte** e o **sul**.

Veja como descobrir as quatro direções usando como referência o próprio corpo em relação ao Sol por meio do exemplo a seguir.

É importante saber que as quatro direções principais (leste, oeste, norte e sul) são chamadas de pontos cardeais. Elas também são identificadas por letras:

| Norte – N | Sul – S | Leste – L | Oeste – O |

Localizando os bairros de uma cidade

Agora que você já sabe localizar as direções norte, sul, leste e oeste, siga as etapas propostas na atividade para descobrir em qual direção fica cada bairro da cidade ilustrada abaixo.

1. Sabendo que o Sol da ilustração é o "Sol nascente", desenhe a si mesmo, no centro da praça, estendendo os braços para localizar as direções leste (braço direito), oeste (braço esquerdo), norte (à sua frente) e sul (atrás).

2. Escreva as direções encontradas em cada lateral da pracinha onde você se desenhou.

3. Observando as direções que você registrou na ilustração, responda:

a) Em qual direção fica a Vila Industrial Coqueiros?

_____

b) Em qual direção fica o bairro Residencial das Flores?

_____

c) Em qual direção fica a escola próxima da pracinha?

_____

d) Em qual direção é preciso seguir para se chegar ao bairro Santa Mônica?

_____

_____

e) Em que direção segue o carro que está a oeste da praça?

_____

f) Em que direção segue a mulher com o cachorro?

_____

g) Para se chegar ao centro, deve-se seguir em que direção?

_____

h) Em qual direção segue o caminhão que passa pela praça?

_____

i) Os morros aparecem em qual direção?

_____

Os espaços públicos e privados

Você sabe o que é um espaço público? E um espaço privado? Você acha que sua casa é um espaço público ou privado? E a escola onde estuda?

Com os colegas da turma, observe as imagens abaixo.

Rodolpho Tamanini Netto. *Domingo na praia*, 2015. Óleo sobre tela, 50 cm × 60 cm.

Mara de Toledo. *Feira livre*, 2007. Óleo sobre tela, 60 cm × 80 cm.

Juntos, analisem os elementos que estão representados nas pinturas dos artistas. Depois, faça individualmente o que se pede a seguir.

1. Que lugares foram retratados pelos artistas?

a) Na pintura A: _____.

b) Na pintura B: _____.

2. Descreva os elementos que estão presentes mais à frente e mais ao fundo em cada obra.

a) Na pintura A: _____

_____.

b) Na pintura B: _____

_____.

3. O que as pessoas estão fazendo?

a) Na pintura A: _____

_____.

b) Na pintura B: _____

_____.

4. Você e sua família costumam frequentar algum tipo de espaço como esses? Se sim, em que situações?

_____

5. Espaços como esses – mostrados nas imagens e frequentados por você e sua família – são de uso exclusivo de vocês ou são de uso de toda a comunidade? Explique sua opinião para a turma.

127

As imagens que você analisou são exemplos de espaços públicos que existem em várias cidades do Brasil e mesmo do mundo.

Espaços públicos são os lugares das cidades de uso de toda a comunidade. Em outras palavras, todas as pessoas podem utilizá-los igualmente e de forma livre.

O governo é responsável pela construção, organização e manutenção de boa parte desses espaços.

Nas cidades existem vários tipos de espaços públicos, onde podemos transitar livremente, todos os dias e a qualquer momento. Por isso, é muito importante que todos nós os conservemos limpos e organizados, para que outras pessoas possam utilizá-los.

A cena a seguir mostra a iniciativa – tomada por alunos de uma escola – de colaborar para a conservação de uma praça localizada na vizinhança.

Agora converse com os colegas e o professor sobre as ideias abaixo. Depois escreva no caderno as principais opiniões da turma.

- Vocês sabem o que é coleta seletiva de lixo? Por que ela é importante?
- Em sua escola, a coleta seletiva é praticada?
- De que maneira a iniciativa dos alunos mostrada nessa cena colabora para a limpeza e conservação da praça vizinha da escola?
- E vocês, o que podem fazer para manter o ambiente da escola limpo e conservado?

As propriedades privadas

Há também espaços que são **abertos ao público**, mas são **propriedades privadas** ou **particulares**. Ou seja, pertencem a uma pessoa ou a uma empresa, os **proprietários**. Alguns exemplos de propriedades particulares que têm espaços abertos ao público são os *shopping centers* e suas lojas, os cinemas, os prédios de escritórios e as agências bancárias.

Parque infantil dentro de um *shopping*. Contagem, Minas Gerais, 2011.

Sua casa também é uma propriedade privada, já que ela tem um dono ou proprietário. Mas ela não é um espaço público, pois não é aberta às pessoas em geral. Nela, vivem você e seus familiares, e só entram parentes, amigos e vizinhos, pessoas que são convidadas por você e sua família. Em uma fábrica podem entrar somente os funcionários da empresa e os visitantes autorizados. Esses são exemplos de espaços privados, que são **propriedades privadas de uso restrito**.

1. Na lista a seguir há nomes de diferentes lugares que encontramos nas cidades. Siga as instruções para identificar quais lugares são espaços públicos e quais são propriedades particulares.

• Faça um ◯ nas palavras que indicam apenas espaços públicos.

• Faça um **X** nas palavras que indicam propriedades particulares com espaços abertos ao público.

• Faça um △ nas palavras que indicam apenas espaços privados.

131

Investigando a redondeza

Manifestações em lugares públicos

Em várias ocasiões, os moradores das cidades utilizam espaços públicos destinados ao lazer. Nas praias, por exemplo, as pessoas podem caminhar, nadar ou simplesmente descansar. Nos parques e nas praças é possível conversar, praticar esportes etc.

Quadrilha em arraial na Praça Virgílio de Melo Franco, em Bueno Brandão, Minas Gerais, 2016.

Em muitas cidades, os espaços públicos também são usados para a realização de **manifestações populares**, como festas e passeatas.

Observe nas imagens duas dessas manifestações. Procure identificar o que está ocorrendo em cada uma delas. Depois responda às questões com as conclusões a que você chegou.

1. O que é? _____

2. Onde está ocorrendo? _____

3. O que as pessoas fazem em ocasiões como essa?
_____

4. Quem pode participar desse tipo de manifestação?
_____

132

Marcha pela paz e contra a violência pelas ruas do Rio de Janeiro, Rio de Janeiro, 2017.

1. O que é? _____

2. Onde está ocorrendo? _____

3. O que as pessoas fazem em ocasiões como essa?

_____

4. Quem pode participar desse tipo de manifestação?

_____

Agora é a vez de você e os colegas de sala de aula investigarem quais tipos de manifestação ocorrem na cidade em que moram e onde elas são realizadas. Sigam as orientações do professor e pesquisem, em jornais e revistas locais, ou mesmo na internet, imagens de algumas formas de manifestação, como passeatas pela paz, festas religiosas ou outras comemorações que ocorrem anualmente na cidade.

Concluída a pesquisa, o professor ajudará a turma a montar um painel com as imagens encontradas. Abaixo de cada imagem, devem ser escritos o motivo da manifestação popular e o lugar e a data em que ela ocorreu.

133

Construir um mundo melhor

Um lugar para todos

Nas cidades, existem os chamados espaços públicos, que toda pessoa tem direito de utilizar para lazer, manifestações diversas, entre outras atividades. Mas quem cuida desses espaços?

Em geral, a responsabilidade pela administração desses lugares é da **prefeitura** do município. É a prefeitura que constrói e conserva a maioria dos espaços públicos das cidades.

Além da prefeitura e seus funcionários, empresas prestam serviços para a comunidade. Muitas vezes, elas são contratadas pela própria prefeitura.

Veja alguns exemplos.

Trabalhadores plantam mudas de flores no jardim da sede da Prefeitura Municipal de Curitiba, Paraná, em 2015.

Funcionário da prefeitura pinta o meio-fio de uma avenida em Campo Grande, Mato Grosso do Sul, em 2015.

Funcionários da prefeitura limpam escadaria pública no centro de São Paulo, capital, em 2017.

1. Observe atentamente os detalhes das fotografias e responda:

a) O que os profissionais estão fazendo:

- na fotografia 1? _____

- na fotografia 2? _____

- na fotografia 3? _____

b) Esses trabalhos são importantes para a conservação e a organização dos espaços públicos? Por quê?

_____

2. Agora converse com os colegas e o professor a respeito de algum espaço público próximo à escola. Elaborem um texto coletivo sobre os serviços de conservação que existem e os que faltam nesse espaço. Sigam o roteiro abaixo para auxiliar na produção do texto.

- Existe um espaço público que precisa de conservação próximo à escola em que você estuda? Qual é? Com que finalidade ele é usado pelas pessoas?
- Qual é o estado de conservação do lugar?
- Há melhorias a serem feitas? Quais?
- Quem são os responsáveis por essas melhorias?
- É necessário algum tipo de adaptação para portadores de necessidades especiais? Quais?
- O que os moradores do bairro podem fazer a fim de contribuir para a manutenção desse espaço?

Não esqueçam de assinar o texto!

Peçam ao diretor da escola que encaminhe o texto ao presidente da associação de moradores do bairro ou a algum outro representante da prefeitura. Vamos mostrar que a turma do 3º ano está ligada no trabalho da prefeitura!

Retomada

1. Como as cidades estão organizadas? Pinte as afirmativas corretas.

As cidades são diferentes umas das outras.

A divisão entre bairros não é importante.

Nos bairros históricos podem ser encontrados elementos que contam a história dos lugares.

Existem diferentes tipos de bairros. Neles pode haver comércio, residências e até mesmo indústrias.

Nas cidades, as pessoas podem viver somente em um tipo de bairro.

Os bairros históricos são importantes para conhecermos a história dos lugares.

As divisões entre bairros são importantes para melhor administração das cidades.

2. Escreva o nome dos pontos cardeais.

3. Todas as pessoas têm direito de frequentar os espaços públicos e de fazer neles diversas atividades, como lazer, manifestações, esportes, festas, entre outras.

Imagine um espaço público em uma cidade. Em seguida, desenhe no primeiro quadro abaixo uma cena em que não houve o trabalho de limpeza e manutenção desse lugar, como de rotina. No segundo quadro você deve desenhar o mesmo lugar, só que dessa vez limpo e conservado.

Periscópio

📖 Para ler

Quem manda aqui?, de Larissa Ribeiro e André Rodrigues. São Paulo: Companhia das Letrinhas, 2015.
Feito com as ideias de crianças e para as crianças, esse livro aborda as formas de organização política, o modo de governar e tomar decisões. Convida você a pensar no assunto em parceria com os colegas da escola e a família.

A praça é do povo – Conversando sobre o público e o privado, de Newton Foot. São Paulo: Escala Educacional, 2009.
O livro traz, de maneira simples, características do que é público e do que é privado, ilustradas por meio de atividades cotidianas.

Duas festas de ciranda, de Fábio Sombra e Sérgio Penna. Rio de Janeiro: Zit, 2011.
Quando o sapo-boi, o marisco, o siri e o caranguejo resolvem fazer festas em dois lugares diferentes, a confusão está garantida. História inspirada em tradições populares.

▶ Para assistir

Zootopia: essa cidade é o bicho!, direção de Byron Howard e Rich Moore, 2016.
Conheça a cidade dos bichos e as aventuras dos personagens no espaço urbano.

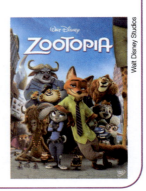

UNIDADE 8
A cidade em transformação

1. Observe a paisagem do Recife, no estado de Pernambuco, em duas épocas diferentes.

Vista da Ponte Maurício de Nassau, no Recife, Pernambuco. Fotografia de 1930.

Vista da Ponte Maurício de Nassau. Fotografia de 2017.

Algumas coisas mudaram nessa paisagem, não é mesmo? Fale sobre as mudanças que você observou.

Mudanças nas paisagens

Você já notou algum tipo de mudança no lugar onde mora? Foram construídas novas casas? E nas ruas, também houve mudanças? Você já visitou algum lugar em seu bairro que foi transformado?

Leia com atenção o texto a seguir.

[...] Percorrer as ruas do Centro, depois de anos em que não pisava por lá, dava certo prazer a Dona Irene. Prazer que ela não confessava a si mesma. Parava diante das vitrines. Sim senhor, como isso mudou. [...] Ali era uma livraria. Mais adiante, cadê a confeitaria que tinha aquele sorvete de pistache, superdelicioso? Nada de confeitaria. Somente bancos, financeiras, agências de loteria esportiva. Dona Irene sentia leve saudade da década de [19]60. Era outro Rio. Mas devemos conhecer o Rio de hoje, e ela ia aproveitando o percurso na direção do ônibus para ver, assuntar, sentir, apesar da multidão, do bolo de gente, do barulho... [...]

Carlos Drummond de Andrade. O medo e o relógio.
Moça deitada na grama. Rio de Janeiro: Record, 1987. p. 24.

Carlos Drummond de Andrade, autor do texto que você leu, nasceu em Itabira, estado de Minas Gerais, em 1902, e viveu vários anos na cidade do Rio de Janeiro, onde faleceu em 1987. Ele é considerado um dos mais importantes escritores brasileiros.

O autor conta, no texto, que Dona Irene percebeu diversas mudanças na paisagem do centro da cidade do Rio de Janeiro, em comparação com a paisagem de anos atrás, que ela conhecia.

Releia o texto e, com os colegas, comentem a respeito das questões. Em seguida, você deve respondê-las.

1. Quais lembranças Dona Irene tinha do antigo centro da cidade do Rio de Janeiro?

_____

_____

_____

2. Quais mudanças Dona Irene identificou em sua visita ao centro da cidade do Rio de Janeiro?

_____

_____

3. Você já ficou algum tempo sem frequentar algum lugar no bairro ou na cidade onde mora e, quando voltou lá, descobriu que várias transformações haviam ocorrido? O que mais o surpreendeu? Conte sua experiência.

_____

_____

_____

As transformações nas paisagens dos bairros de uma cidade, como no exemplo do centro do Rio de Janeiro, são mudanças realizadas pelas pessoas para melhor atender às suas necessidades no decorrer do tempo. Veja alguns exemplos.

- Abertura de novas ruas e avenidas para a construção de loteamentos ou novas casas e prédios residenciais.

Formação de um novo loteamento e construção de casas em Arapongas, no norte do Paraná, em 2015.

- Expansão dos serviços de água, esgoto, iluminação e energia elétrica para melhorar as condições de vida dos moradores.

Escavação para instalação de tubos por onde escoam as águas da chuva em Palmas, Tocantins, 2015.

- Mudanças nas atividades desenvolvidas nos bairros. Por exemplo, um bairro onde havia apenas residências pode passar a ter lojas, supermercados, bancos e escritórios. Outro, no qual havia muitas fábricas, pode passar a abrigar armazéns, escolas, *shopping centers* etc.

O antigo prédio de um quartel militar foi transformado em *shopping center* na cidade de Curitiba, capital do estado do Paraná. Fotografia de 2015.

- Construção de estradas, pontes e viadutos para atender ao aumento do número de automóveis (carros, caminhões, ônibus etc.) que transportam cada vez mais pessoas e mercadorias.

Construção de ponte no município de Londrina, Paraná. Fotografia de 2016.

As transformações nas paisagens das cidades acontecem constantemente. Mas essas mudanças não ocorrem todas de uma vez. Tanto as transformações dos espaços públicos e privados quanto as de outros elementos das paisagens de um lugar ocorrem pouco a pouco, por meio da ação da sociedade.

1. Veja agora um exemplo de transformação de uma rua. Ordene as imagens numerando-as de 1 a 4, na sequência das sucessivas transformações ocorridas, ou seja, da mais antiga para a mais recente.

- Agora descreva cada uma das imagens de acordo com a sequência que você as ordenou. Destaque apenas o que achar mais importante.

Imagem 1

_____

_____

Imagem 2

_____

_____

Imagem 3

_____

_____

Imagem 4

_____

_____

2. Converse com os colegas, com o professor e com as pessoas que moram em sua casa a respeito das transformações que ocorreram nas paisagens do município onde você mora. Em seguida, marque com um **X** as frases que indicam o motivo das transformações.

a) ☐ Abertura de ruas ou avenidas.

b) ☐ Trabalhos de expansão de rede de água ou esgoto.

c) ☐ Construção de estradas, pontes ou viadutos.

d) ☐ Outros motivos: _____

A natureza e as cidades

Você já observou os diferentes tipos de material utilizados em construções nas cidades? De onde vêm esses materiais? Eles são retirados da própria natureza?

Entre as transformações pelas quais passam as cidades, muitas são feitas para atender às necessidades de seus moradores. O objetivo da construção de moradias, por exemplo, é abrigar o crescente número de habitantes.

Observe as imagens a seguir. Elas mostram a construção de um conjunto de casas. Junto com o professor, veja os materiais utilizados em cada etapa e liste-os abaixo de cada imagem.

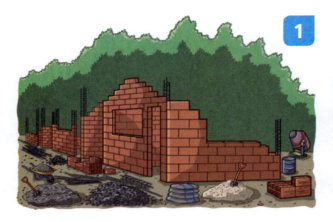

Ilustrações: José Wilson Magalhães

1. Vários objetos que usamos no dia a dia são feitos de diferentes materiais retirados da natureza. Observe as etapas de retirada, transformação e uso de materiais provenientes da natureza. O professor comentará as etapas e você deverá escrever um pequeno texto explicativo para cada cena.

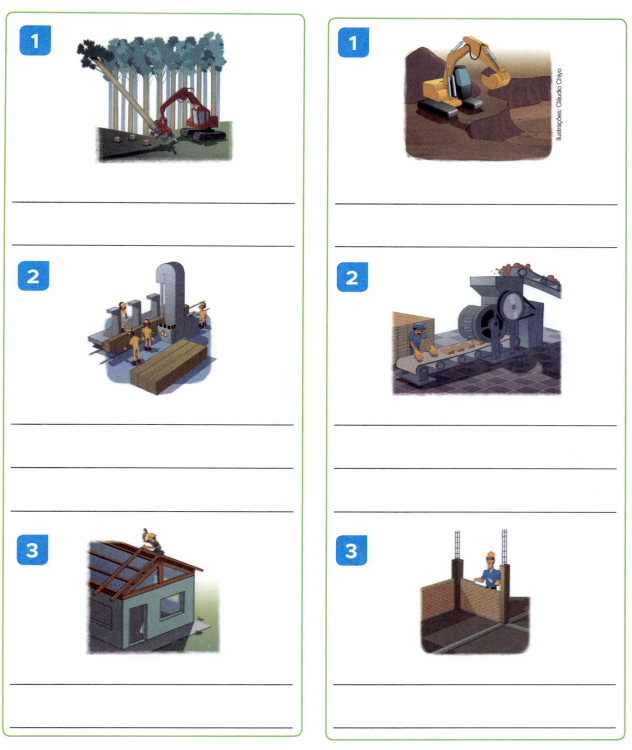

2. Agora vamos identificar a origem de outros tipos de materiais retirados da natureza? Ligue a imagem de cada objeto ao nome do material do qual ele é feito.

A areia utilizada nas construções

A areia usada para construir casas e edifícios vem, principalmente, das margens de alguns rios de nosso país. Ela é muito importante para a sociedade. Mas essa atividade pode causar danos ao meio ambiente, como o atolamento da água do rio com lama, além da derrubada das matas que ficam em suas margens. Veja a imagem a seguir.

As máquinas de extração de areia podem causar danos ao meio ambiente, por isso as empresas que retiram esse material dos rios devem sempre ter muito cuidado. Na fotografia, máquina extrai areia do Rio Xingu, em Altamira, no Pará, em 2014.

1. De onde vem a areia usada nas construções do lugar onde você mora? Pergunte a um adulto e depois conte o que descobriu a sua turma.

149

Que material foi usado?

Agora você e os colegas investigarão a escola onde estudam. Descubram, com a ajuda do professor e de outros funcionários, quais foram os materiais utilizados na construção dela.

Em seguida, responda:

1. Quais materiais da natureza foram usados para fazer:
   a) os portões de entrada da escola?
   _____

   b) o piso das salas de aula, dos corredores e da quadra de esportes?
   _____
   _____

   c) as janelas de sua sala?
   _____

   d) as paredes da escola?
   _____

   e) as carteiras e mesas?
   _____
   _____

2. Ao final, comente com os colegas e o professor o resultado da investigação. Foram descobertos muitos materiais diferentes?

Isto é Cartografia

Reduzindo e ampliando

Podemos representar pessoas, objetos, animais, construções, entre outros elementos, com desenhos. Entretanto, é possível desenhar as coisas do tamanho que elas realmente são? Qual é sua opinião?

Tanto em desenhos quanto em fotografias é possível observar pessoas, animais, objetos etc. em diferentes tamanhos: **reduzidos** (menores do que são na realidade) ou **ampliados** (maiores do que realmente são).

Observe:

Nesta fotografia, o prédio aparece em tamanho **reduzido**, menor do que é na realidade.

A fotografia da criança também está em tamanho **reduzido**.

Na fotografia acima, os grãos de feijão estão em tamanho **ampliado**, ou seja, maiores do que são na realidade.

A formiga também aparece na imagem acima em tamanho **ampliado**.

151

Como você viu, para representar objetos menores do que são, é necessário reduzi-los. Para representá-los maiores do que são, temos de ampliá-los.

1. Observe os desenhos abaixo e circule de **VERDE** os objetos que estão em tamanho **ampliado** e de **VERMELHO** os que estão em tamanho **reduzido**.

Agora que você aprendeu o que é tamanho reduzido e tamanho ampliado, é sua vez de reduzir e de ampliar um desenho. Use os quadriculados para facilitar a confecção. O professor irá auxiliá-lo.

1. Para reduzir o desenho B, observe os traços de cada quadradinho e copie-os no quadro A.

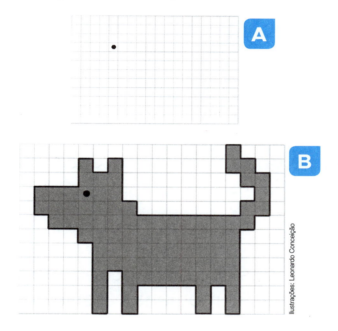

2. Para ampliar o desenho B, observe os traços de cada quadradinho e copie-os no quadro C.

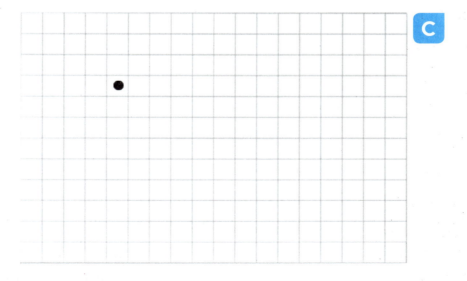

1. Quais são as necessidades que levam a sociedade a transformar a paisagem dos bairros e das cidades?

_____
_____
_____
_____

2. Você sabe de onde vêm os materiais utilizados nas construções das cidades?

_____

3. Faça uma lista dos objetos encontrados no ambiente onde você está neste momento. Relacione os materiais de que eles são feitos.

_____
_____
_____
_____
_____

4. Estudamos que as paisagens das cidades são constantemente transformadas pela sociedade.

   a) Observe os quadrinhos 1 e 3. Eles mostram o mesmo lugar, porém algumas transformações ocorreram nele.

Desenhe no quadrinho número 2 como você acha que essas transformações aconteceram.

Periscópio

📖 Para ler

Vó caiu na piscina, de Carlos Drummond de Andrade. São Paulo: Record, 1996.
Em seis contos sobre animais e brincadeiras, o leitor é conduzido à magia da literatura infantil. Os textos em prosa de Drummond revelam a criança que há em cada um de nós, mesmo os que já cresceram.

👆 Para acessar

De onde vem?: Canal da internet que apresenta uma série de desenhos animados educativos com a personagem Kika, uma menina muito curiosa.
Disponível em: <https://tvescola.mec.gov.br/e/tv/videoteca/serie/de-onde-vem>. Acesso em: 17 nov. 2017.

Wikimapia: com esse recurso, você pode transformar a simples visualização de imagens em uma grande descoberta de fatos relacionados aos bairros de sua cidade. Disponível em: <http://wikimapia.org>. Acesso em: 15 out. 2017.

Referências

ALDEROQUI, Silvia. *Paseos urbanos*: el arte de caminar como práctica pedagógica. Buenos Aires: Lugar Editorial, 2012.

ALMEIDA, Rosângela D. de (Org.). *Cartografia escolar*. São Paulo: Contexto, 2007.

_____. *Do desenho ao mapa*: iniciação cartográfica na escola. São Paulo: Contexto, 2006.

_____; PASSINI, Elza Y. *O espaço geográfico*: ensino e representação. São Paulo: Contexto, 2010.

ANUÁRIO estatístico do Brasil 2016. Rio de Janeiro: IBGE, 2015. Disponível em: <https://biblioteca.ibge.gov.br/biblioteca-catalogo?id=720&view=detalhes>. Acesso em: 3 out. 2017.

ATLAS geográfico escolar. Rio de Janeiro: IBGE, 2016.

BRANCO, Samuel M. *O ambiente de nossa casa*. São Paulo: Moderna, 1995.

BRASIL. Ministério da Educação. Secretaria de Educação Básica. *Diretrizes Curriculares Nacionais Gerais da Educação Básica*. Brasília, 2000.

_____. Secretaria de Educação Fundamental. *Parâmetros Curriculares Nacionais*: primeiro e segundo ciclos do Ensino Fundamental: Geografia. Brasília, 2000.

_____. Ministério da Educação. *Base Nacional Comum Curricular*. Brasília, 2017. Disponível em: <http://basenacionalcomum.mec.gov.br/wp-content/uploads/2018/04/BNCC_19mar2018_versaofinal.pdf>. Acesso em: 2 maio 2018.

CARLOS, Ana Fani A. *A Geografia em sala de aula*. São Paulo: Contexto, 1999.

CASTELLAR, Sonia (Org.). *Educação geográfica*: teorias e práticas docentes. São Paulo: Contexto, 2001.

CAVALCANTI, Lana de Souza. *A Geografia escolar e a cidade*: ensaios sobre o ensino de Geografia para a vida urbana cotidiana. Campinas: Papirus, 2008.

COLL, César; TEBEROSKY, Ana. *Aprendendo História e Geografia*: conteúdos essenciais para o Ensino Fundamental. São Paulo: Ática, 2000.

GUERRERO, Ana Lúcia de Araújo. *Alfabetização e letramento cartográficos na Geografia escolar*. São Paulo: Edições SM, 2012.

JUCUPÉ, Kaka Werá. *A terra dos mil povos*: história indígena brasileira contada por um índio. São Paulo: Petrópolis, 1998.

KIMURA, Shoko. *Geografia no Ensino Básico*: questões e respostas. São Paulo: Contexto, 2010.

LE SANN, Janine. *Geografia no Ensino Fundamental 1*. Belo Horizonte: Fino Traço, 2011.

_____. *A caminho da Geografia*: uma proposta pedagógica. Belo Horizonte: Dimensão, 2005. v. 3 e 4.

LIEBMANN, Marian. *Exercícios de Arte para grupos*: um manual de temas, jogos e exercícios. São Paulo: Summus Editorial, 2000.

MARCONDES, Beatriz; MENEZES, Gilda; TOSHIMITSU, Thaís. *Como usar outras linguagens na sala de aula*. São Paulo: Contexto, 2000.

MATOS, Regiane Augusto de. *História e cultura afro-brasileira*. São Paulo: Contexto, 2007.

MENDONÇA, Francisco de Assis. *Geografia e meio ambiente*. São Paulo: Contexto 1993.

MORETTO, Vasco Pedro. *Prova*: um momento privilegiado de estudo, não um acerto de contas. Rio de Janeiro: Lamparina, 2010.

OLIVEIRA, Cêurio de. *Dicionário cartográfico*. Rio de Janeiro: IBGE, 1993.

PIÑON, Ana; FUNARI, Pedro Paulo. *A temática indígena na escola*. São Paulo: Contexto, 2014.

SANTAELLA, Lucia. *Leitura de imagens*. São Paulo: Melhoramentos, 2012.

SCHÄFFER, Neiva Otero et al. *Um globo em suas mãos*: práticas para a sala de aula. Porto Alegre: Editora da UFRGS, 2003.

SIMIELLI, Maria Elena Ramos. *Primeiros mapas*: como entender e construir. São Paulo: Ática, 2007. v. 3 e 4.

ZABALA, Antoni (Org.). *Como trabalhar os conteúdos procedimentais em aula*. Porto Alegre: Artmed, 1999.

Material complementar
Unidade 5 – página 75

159